Bibliothèque des Professions Industrielles et Agricoles.

Série 1. — N° 2.

PARIS

A VOL D'OISEAU

PAR

J. MALEVILLE.

PARIS

LIBRAIRIE SCIENTIFIQUE, INDUSTRIELLE ET AGRICOLE

Eugène LACROIX, éditeur,

Libraire de la Société des Ingénieurs civils,

15, quai Malaquais.

—

1865

PARIS

A VOL D'OISEAU.

Bibliothèque des Professions Industrielles et Agricoles.
Série 1. — N° 2.

PARIS

A VOL D'OISEAU

PAR

J. MALEVILLE.

PARIS
LIBRAIRIE SCIENTIFIQUE, INDUSTRIELLE ET AGRICOLE
Eugène LACROIX, éditeur,
Libraire de la Société des Ingénieurs civils,
15, quai Malaquais.
—
1865

8° Z le Senne 9840

PRÉFACE.

Toute la création, comme les nombres, se rapporte à l'unité. Adam a été seul, il y a eu une première ville et une première maison. — Paris, comme toutes les villes qui existent, a été fondé sans préméditation, et il s'est développé aussi naturellement ou aussi mystérieusement que naissent les truffes sur les coteaux plus ou moins parfumés du Périgord. — Tout le monde a récité ou entendu dire que c'est la capitale de cette belle France que Joseph de Maistre appelle le plus beau royaume après celui du ciel ; mais peu de personnes connaissent cette grande cité.

Autrefois, les villes de province, comme Bordeaux, Toulouse, Lyon, brillaient à côté de la capitale et bénéficiaient de la renommée des hommes célèbres qu'elles abritaient. Ainsi Montaigne, cette gloire du XVIe siècle, resta presque toute sa vie dans son château, où il plaça avec méthode plusieurs de ses maximes sur les poutres du plancher de sa chambre, et n'allait que très-rarement à Paris, bien qu'il fût l'ami du roi Henri II. — L'Académie des jeux floraux, fondée à Toulouse sous le nom de *Collége du gai savoir*, attirait l'esprit de toutes les célébrités littéraires de l'époque. Mais les chemins de fer ont détruit complétement les villes de province, et aujourd'hui il n'y a que Paris. Cette capitale rayonne partout sur le globe. Son autorité morale en impose aux étrangers, et, si l'on veut savoir où en est l'intelligence humaine, il n'y a qu'à la regarder. Elle résume dans ses établissements, dans ses mœurs, dans ses institutions et dans ses travaux toute la science connue. Ce n'est pas seulement une ville, c'est le thermomètre de la civilisation du monde.

Malheureusement, toute médaille a son revers, et si Paris peut être considéré comme le paradis parce que c'est le foyer de toutes les vertus, il faut bien vite reconnaître que c'est aussi l'enfer ou l'arsenal de tous les vices.

La plupart des provinciaux le considèrent encore comme un oncle d'Amérique universel pour leur donner une bonne position ou une brillante fortune; mais ceux qui s'aventurent ne tardent pas à s'apercevoir qu'il y a des ombres aux plus riants tableaux. Sur mille demandes, il n'y a qu'un numéro sortant, et l'espoir d'une place n'est guère qu'un billet pris à la loterie.

Notre position nous ayant obligé de l'étudier au point de vue spécial de la voirie, nous avons jugé utile, avant d'entreprendre ce travail technique et sérieux, de jeter un coup d'œil d'ensemble beaucoup moins sévère sur son passé et de résumer son histoire dans un petit volume.

Nous n'avons donc pas la prétention de faire une histoire complète de Paris. Un tel sujet, vaste comme une encyclopédie, est au-dessus de nos forces. Il faudrait avoir dans la tête le génie de Voltaire et de Balzac et dans les yeux le regard perçant de l'aigle pour distinguer les incommensurables détails de ce vertigineux panorama.

Dans le cadre que nous nous sommes

tracé, nous avons voulu être général sans viser à être complet. — Nous avons bien souvent regardé autour de nous, — nous avons demandé notre chemin à Mercier, à Dulaure, à Saint-Foy, à Touchard-Lafosse, à Félibien. — Nous avons pris des notes, — et, en définitive, nous ne livrons au public que des matériaux rassemblés pendant nos soirées de quelques mois pour notre instruction et notre propre satisfaction.

Notre travail n'est donc qu'une étude rapide inspirée par une curiosité louable, et aussi par ce besoin d'application qui sauve des ennuis et rend la vie agréable.

On a dit dans le temps : Rome est un musée, Londres est une fabrique, et Paris est une idée dans un cadre de pierre ; c'est ce cadre de pierre que nous avons voulu étudier. — En un mot, il y a le Paris de l'intelligence et le Paris des yeux, et c'est ce dernier que nous avons eu principalement en vue.

Il y a aussi deux manières d'écrire l'histoire : l'une explique et commente les faits, l'autre les raconte tout simplement. C'est cette seconde méthode que nous avons adoptée.

Les destinées de la nation française se sont si souvent débattues dans son enceinte, qu'en écrivant l'histoire de Paris, on risque à chaque instant d'empiéter sur l'histoire générale de la France ; mais nous nous sommes peu préoccupé d'une ligne de démarcation quelconque. — Un simple détail, quelle que soit sa place, suffit dans certains cas pour deviner une époque, comme Cuvier devinait tout un animal à la forme d'une corne antédiluvienne, et si Brillat-Savarin a pu écrire : « Dis-moi ce que tu manges, et je te dirai qui tu es, » à plus forte raison on peut juger un milieu en jetant un coup d'œil sur sa

garde-robe. — Nous nous sommes donc attaché à suivre Paris à vol d'oiseau, et à faire
ressortir par des particularités généralement
ignorées ses âges et ses transformations.

De même que nous avons évité les cita-
tions historiques pouvant faire quelque égra-
tignure à la morale, de même aussi nous
n'avons pas cru devoir nous arrêter aux scru-
pules de religieuse qui s'accuse d'avoir
mangé un œuf avec concupiscence.

Un homme de beaucoup d'esprit, Ed-
mond About, a écrit quelque part qu'un
livre sans préface ressemble à un homme
qui sort sans chapeau. — Nous avons donc
un chapeau. Mais, arrivé à ce point, nous le
prenons à la main en signe de politesse, et
semblable à ces navigateurs antiques qui lou-
voyaient entre Charybde et Scylla, nous im-
plorons à notre tour la complaisance des
flots et la faveur des vents.

CHAPITRE PREMIER.

—

UN MOT SUR L'ORIGINE DU MONDE.

—

Au commencement, la terre était-elle une légère vapeur où se répandait une lumière pâle et diffuse, ou bien était-ce, comme le veulent certains astronomes, un fragment détaché du soleil et volatilisé dans sa chute? — Ce qui paraît certain, c'est que le monde naissant passa à l'état igné. Autour du liquide incandescent, une croûte solide se forma. Cette croûte, d'abord mince et fragile, fut coupée çà et là de rides profondes occasionnées par des oscillations mystérieuses sous la pression des astres. Mais peu à peu l'abais-

1

sement de la température constitua l'enve-
loppe solide du globe, et, à la suite de cet
étonnant travail de refroidissement que les
siècles ont opéré, il n'y eut plus qu'un grand
océan, duquel la terre soulevait par endroits
sa face noyée et déserte.

La vie n'a laissé aucune trace sur les premiers ouvrages de la nature. — Dieu, pendant ces temps reculés, assistait seul à son
œuvre.

L'océan, presque sans rivages alors, ne
roulait dans ses flots que des détritus de
rochers ou des matériaux inanimés. L'état
élevé de la température n'eût permis à
aucun être organisé de s'y maintenir; mais
le moment devait venir où la vie allait s'établir dans le monde. — Toutefois, il s'en faut
de beaucoup que la vie se soit manifestée
tout de suite avec puissance. On voit, au
contraire, les zoophytes et les mollusques,
ces premiers habitants des eaux, lutter avec
la température de la vieille mer et succomber
dans la lutte. — Ces premiers-nés de la création, qui forment l'aurore du règne animal,

ne tardèrent pas à disparaître et à être remplacés par d'autres, lesquels vont se renouvelant à leur tour d'étage en étage, à travers les couches que le travail de la vie et de la mort superpose les unes aux autres pendant la longue durée des siècles.

La création, une dans son principe créant, a eu sur le globe une marche successive. L'état de l'atmosphère, d'abord peu favorable, puis très-favorable à la végétation, explique seul les diverses couches de la terre et les excentricités dans le volume et la taille des plantes et des animaux. — C'est ainsi que nous retrouvons des animaux colosses, dont le mastodonte est un type, et que nous voyons les anciens poissons recouverts de grosses plaques solides. Ces précautions de volume, de force et de forme étaient sans doute nécessaires pour résister aux convulsions qui bouleversaient le globe.—La nature a eu, comme l'humanité, ses âges fabuleux. Les animaux monstrueux que nous retrouvons à l'état fossile étaient faits pour le monde de leur temps, comme les animaux actuels pour le monde que nous habitons. — Les tritons et les sirènes des âges fabuleux, qui apparaissent demi-hommes et demi-poissons, devaient être ainsi conformés pour visiter le domaine de l'océan. — Plus on étudie les grandes époques génésiaques, et plus on voit que la nature s'est toujours maintenue dans des rapports harmonieux.

Passons au déluge.

Quelques géologues ont cherché les causes de cette vaste inondation, et ils ont cru la trouver dans le soulèvement de la chaîne des Andes, qui traverse toute la longueur de l'Amérique méridionale du nord au sud.

On conçoit en effet que l'enfantement d'une telle masse ait pu rejeter les eaux sur les autres continents et que le vieux monde condamné ait été noyé; mais ce cataclysme, d'où qu'il vienne, n'a été que le commencement d'un nouvel ordre de choses, du monde nouveau.

Les naturalistes ne sont pas d'accord sur l'origine de l'homme. — Les uns prétendent qu'il fut créé dès le commencement avec les

zoophytes; seulement, à cause des changements atmosphériques, ils accordent que son
organisation s'est modifiée selon les milieux
qu'il traversait.

Ainsi, du temps que le ciel était chargé
d'acide carbonique au point de former une
sorte d'océan aérien, l'homme, disent-ils,
avait des poumons comme des branchies, et
c'est même à cette demi-nature de poisson
qu'ils rapportent la cause de la longévité
prodigieuse dont la Bible gratifie Mathusalem
et les patriarches. — D'autres, au contraire,
établissent que l'homme ne remonte pas
avant le déluge, et ils se basent sur le fait
géologique qu'en fouillant les entrailles de la
terre, on a trouvé partout la trace d'anciens
animaux et même des singes ; mais l'homme
n'apparaît nulle part aux couches antédilu-
viennes.

On n'est pas d'accord non plus sur la
formation de l'homme. — A côté du système qui pose l'homme comme ayant été
créé d'une manière distincte et isolée, il
y a une autre opinion qui veut qu'il ait

traîné son existence dans les végétaux et ne soit arrivé à l'état d'homme complet qu'après avoir parcouru l'échelle animale, depuis l'éponge jusqu'au singe. Comme conséquence de ce dernier système, la métempsycose nous attend au tombeau, et, comme l'homme ne serait pas le dernier mot de la création, l'espèce humaine, après avoir accompli ses destinées, serait remplacée par une autre race supérieure à la nôtre, comme l'homme actuel est supérieur au singe.

Il y aurait de la témérité à discuter ces systèmes divers et à aventurer ses regards sur l'avenir, plein de ténèbres comme le passé. — Contentons-nous de remarquer en passant que la nature est un livre où chaque page nous rappelle Dieu.

Toutefois, sans avoir la prétention de lever le voile sur le berceau du genre humain, il n'est pas sans attrait de jeter un coup d'œil sur les races d'hommes qui peuplent le globe habité.

Elles se résument à quatre principales : la race caucasique, qui a la peau blanche et les cheveux lisses; — la rare mongolique, qui a la peau jaune, les cheveux épais et roides; — la race éthiopique, qui a la peau noire, les cheveux courts et laineux; — et la race américaine, qui a la peau mêlée de jaune et de rouge et les cheveux noirs, longs et rudes.

D'après les physiologistes, il paraît que, dans tous les endroits de la terre où ces variétés humaines se sont trouvées en présence, les noirs ont obéi aux jaunes, et les uns et les autres se sont soumis aux blancs. — La science actuelle, partant de ce fait, a cherché à déterminer la place des différentes races sur l'échelle de l'humanité, et elle prétend que, comme tout a été en progrès sur le globe, il y a lieu d'admettre que toutes les races sont sorties d'une souche commune par voie de développement, et que la race noire primitive s'est transformée avec les siècles et est devenue progressivement jaune et blanche. — Cette hypothèse, qui n'a rien d'authentique, il faut le reconnaître, se trouverait un peu justifiée par l'action du croisement des races. En effet, dans la nature les animaux qui ne sont pas de la même espèce ne se reproduisent pas entre eux ; et si, dans les genres très-voisins, le croisement donne lieu à des métis, la fécondité s'arrête à la première ou à la seconde génération : mais toutes les races humaines ont la faculté de se reproduire entre elles. Les résultats obtenus par la science établissent que l'union d'un noir avec une blanche est excessivement douloureuse, antipathique, et le plus souvent improductive, tandis qu'au contraire l'union d'un blanc avec une noire ou jaune est facile et presque toujours féconde. Or, comme l'homme entraîne avec lui la race, c'est-à-dire que le produit d'un noir avec une blanche tend au noir, et réciproquement, il s'ensuit que la Providence a voulu favoriser le progrès et l'élévation des races.

L'unité humaine se manifeste donc d'un côté dans le fait de la reproduction générale, et le progrès, favorisé par le croisement, nous mène vers l'unité de race, c'est-à-dire à la race blanche. — Toutefois, au point conjectural où la science est encore arrêtée, il n'est pas possible de préciser si Adam était blanc ou noir, et si, lors de la dispersion des hommes, les races se trouvaient mêlées. — Mais il y a un fait certain, c'est que les races supérieures absorbent les races inférieures ; et si l'on conteste l'unité humaine, il n'est pas douteux que le progrès des siècles amènera l'unité de race par le croisement, et que, dans un avenir éloigné, il n'y aura sur la terre que la race blanche avec les teintes plus ou moins foncées que donneront les divers climats.

CHAPITRE II.

—

ORIGINE DE PARIS.

—

Dans les temps primitifs, la doctrine religieuse était seule l'objet d'enseignements écrits, et ces enseignements étaient tenus secrets par les prêtres, qui étaient à peu près seuls instruits. — L'histoire se perpétuait par les chants des bardes ou poëtes, et les lois et coutumes ne se conservaient que par la tradition.

Aussi, l'origine de Paris est inconnue, et on en est réduit aux conjectures. Quelques chroniqueurs prétendent que Paris, échappé aux flammes de l'ancienne Troie, se serait réfugié dans les Gaules et y aurait fondé une colonie. — D'autres savants disent que le nom de Parisii aurait pour origine un temple d'Isis, sous le nom de Para Isis, près d'Isis, d'où, par contraction, Parisii, ou Paris. — Cette origine doit paraître fabuleuse. — Ce n'est qu'un demi-siècle avant Jésus-Christ que César, dans ses *Commentaires*, donne quelques détails sur cette petite ville qui portait le nom de Lutèce.

Plusieurs étymologies ont été données par les savants sur le nom de Lutèce : Charles de Boville (*Origine des mots français*) fait dériver Lutèce de *Lutum*, boue, d'après la tradition que cette ville était originairement entourée de marais. — Saint-Foy (*Essais sur Paris*) le fait venir de trois mots celtiques : *Luth*, rivière ; *touez*, au milieu ; et *y*, habitation, ce qui formerait le mot *Luthouezy*, ou *Lutèce*, signifiant habitation au milieu de la rivière.

Ce qui est certain (*Histoire de Paris* du P. Félibien), c'est que le commerce par eau est aussi ancien que la ville de Paris et que

les Parisii avaient un navire pour devise,
d'où sont venues les armes de la ville. — Les
armes de Paris sont de gueules à un navire
frété et voilé d'argent, flottant sur les ondes
de même, au chef semé de France avec l'inscription : *Fluctuat nec mergitur*. Les fleurs
de lis y sont sans nombre.

D'autres savants pensent que Lutèce vient
de deux mots celtiques : *Lut*, corbeau, et
etia, île : île aux corbeaux, parce que ces
oiseaux abondaient dans le pays.

De toutes ces versions, la plus raisonnable,
selon nous, est d'admettre qu'une des peuplades
primitives vint chercher un asile sur le bord de
la Seine, dont les Sénonois avaient déjà pris
possession sur d'autres points, et s'établit dans
l'île formée par les bras de ce fleuve.— Cette
île fut appelée Lutèce et conserva ce nom jusqu'au règne de l'empereur Julien, en 350,
où on adopta la dénomination de Paris. Au
surplus, on ne doit pas trouver étonnant que
ce site ait été choisi de préférence, car il
présentait un beau fleuve navigable, des
mines de carbonate, de fertiles terrains

d'alluvion, un climat tempéré et la pierre et le bois pour bâtir.

Vers l'an 50 avant Jésus-Christ, les Romains s'emparèrent d'une grande partie de la Gaule, et César, après en avoir fait le siége, vint s'établir dans Lutèce qu'il fit entourer de murailles. — C'est la première enceinte qu'ait eue Paris. — La superficie de la ville comprenait alors 15 hectares et 4 ares, et le chiffre de la population était d'environ 6,000 habitants.

Depuis cette époque et pendant plusieurs siècles, les Gaulois furent sous le joug des Romains, et il ne fut plus question de Lutèce jusque vers l'an 250 de notre ère, où sept évêques furent envoyés dans les Gaules pour y prêcher l'Évangile.

Selon Grégoire de Tours, Saturnin se fixa à Toulouse, Gratien à Tours, Trophine à Arles, Paul à Narbonne, Strémonius à Clermont, Martial à Limoges, et saint Denis à Lutèce, où l'appelait sa mission et dont il fut le premier évêque. Ses prédications lui attirèrent l'animadversion d'une partie de la population, et il fut décapité à Montmartre, le 9 octobre 287, avec ses deux compagnons, Rustique et Éleuthère. — Cette exécution aurait donné le nom de Montmartre, ou Mont-des-Martyrs; mais d'autres savants veulent que cette colline ait une origine guerrière et s'appelle Mont-de-Mars.

L'irruption des barbares d'outre-Rhin dans les Gaules était une cause de troubles et de brigandages si grands qu'en 356, Julien, que quelques historiens appellent l'Apostat, fut envoyé pour arrêter le mal. Ce prince chassa les dévastateurs du pays et opéra des changements heureux dans sa chère Lutèce; il affranchit le peuple d'impôts arbitraires et il lui rendit la plénitude de ses droits. — Lutèce reçut à cette époque le nom de Paris.

Julien habita le palais des Thermes dont quelques historiens lui attribuent la fondation. Ce nom des Thermes lui fut donné à cause des bains chauds qu'il contenait. — Des vestiges de cet ancien monument existent encore dans l'enceinte du musée de

Cluny, entre les rues des Mathurins-Saint-Jacques et les nouveaux boulevards Sébastopol et Saint-Germain. — L'aqueduc d'Arcueil, dont nous aurons occasion de parler plus tard, fut construit pour mener les eaux dans ce palais et alimenter le petit faubourg de Lucotitius qui s'était formé du côté gauche de la Seine sur le revers de la montagne Sainte-Geneviève.

Un autre faubourg se forma sur la rive droite de la Seine à peu près à la même époque, et s'étendait de la rive du fleuve au lieu qu'occupe aujourd'hui la fontaine des Innocents. Une route le partageait en deux dans la direction du nord au midi, et un aqueduc souterrain fut établi pour mener les eaux des hauteurs de Chaillot dans un bassin situé aux environs du Palais-Royal actuel.

A cette époque, on entrait à Paris par deux ponts en bois : le plus petit était situé où se trouve aujourd'hui le Petit-Pont, reconstruit en pierre en 1853, et l'autre, plus grand, était jeté sur l'emplacement qu'occupe le Pont-au-Change. La ville primitive n'avait pas de rues tracées; les habitations étaient des huttes en bois et en chaume de forme conique. Les cheminées y étaient inconnues, et pendant l'hiver les habitants se chauffaient avec des fourneaux. — Malgré les prédications de saint Denis, le christianisme n'avait pas fait beaucoup de progrès, les divinités du paganisme étaient généralement adorées; mais Julien, passionné pour le bien, opéra de grandes améliorations et y établit un système administratif sérieux. Il y eut deux préfets au lieu d'un : le premier s'occupait de la direction des bateliers, et le second était chargé de surveiller les peuples vaincus condamnés à cultiver les terres des vainqueurs.

C'est à Julien qu'est due la seconde enceinte de Paris, qui comprenait 38 hectares 53 ares et 8,000 habitants, pouvant se fermer avec des portes. — Il paraît que c'est à cette époque que remonte le proverbe : *Qui a été à Paris ferme sa porte;* mais on peut bien en tirer cet autre : *Paris ne s'est pas fait en un jour,* en attendant celui-ci venu beaucoup plus tard : *Paris est le paradis des femmes, le purgatoire des hommes et l'enfer des chevaux.*

CHAPITRE III.

—

(22 rois. — De 420 à 750.)

—

Les institutions bienfaisantes de Julien ne purent garantir les Parisiens des maux qui leur étaient réservés. Vers l'an 406, des nuées de barbares se précipitèrent sur le nord de la Gaule et pendant dix années entières mirent tout à feu et à sang. — Les Francs s'emparèrent de Paris et y étouffèrent les germes de la civilisation naissante.

Parmi les nombreux dévastateurs qui parcoururent la Gaule, le plus terrible fut ce farouche Attila, surnommé *le Fléau de Dieu*. Si l'on en croit la légende de Sainte-Geneviève, tandis que le roi des Huns assiégeait Orléans, les Parisiens, redoutant son approche, voulurent abandonner leur ville ; mais la vierge de Nanterre éclairée, dit-on, de l'esprit divin, sut les retenir et, stimulé par la foi, Mérovée chassa l'usurpateur de dessous les murs d'Orléans, lui tua deux cent mille hommes dans les plaines de Châlons et arrêta ainsi le cours de ses ravages.

Sainte Geneviève, que les Parisiens ont prise pour patronne, était née à Nanterre à deux lieues de Paris, en 422. — Son père se nommait Sévère et sa mère Gérone. La tradition en a fait une bergère ; mais l'auteur qui a écrit sa vie quelques années après elle, prouve par des détails qu'elle appartenait à une famille aisée. Elle mourut le 3 janvier 512 à l'âge de quatre-vingt-dix ans et fut ensevelie dans la basilique Saint-Pierre et Saint-Paul, fondée par Clovis et son épouse, qui prit son nom. — Un simple oratoire fut élevé sur sa tombe que saint Éloi décora plus tard avec magnificence. — La dévotion à sainte Geneviève, dont on promenait autrefois la châsse dans les rues de Paris pour apaiser le courroux du ciel, a survécu à toutes les révolutions. Comme nous le verrons plus tard, l'église Sainte-Geneviève fut rebâtie et s'appelle aujourd'hui le Panthéon.

— A gauche de l'entrée de ce monument, qui est un des plus beaux de Paris, on a placé un groupe en marbre blanc, composé des deux figures, plus grandes que nature, de sainte Geneviève et d'Attila. — Sainte Geneviève à genoux regarde le ciel ; Attila, debout et la tête basse, remet le glaive au fourreau.

Childéric, fils et successeur de Mérovée, habitait à Tournay ; mais son fils Clovis, soutenu par les évêques, qui lui ouvrirent les portes, s'empara de Paris. Il épousa Clotilde, princesse chrétienne, qui profita de la bataille de Tolbiac pour faire embrasser à son mari la religion catholique.

Il fut baptisé par saint Remy, archevêque de Reims, qui prononça les paroles historiques : *Baisse la tête, fier Sicambre : adore ce que tu as brûlé et brûle ce que tu as adoré.*

En 508, Clovis fixa définitivement sa résidence à Paris dans le palais des Thermes, et fit entourer la ville de murailles pour éviter l'usurpation des conquérants.

L'Hôtel-Dieu, le plus ancien hôpital de l'Europe, remonte à 660 et fut fondé par saint Landry, évêque de Paris. — C'est dans cet établissement que se sont formés les médecins les plus habiles de la France et de l'étranger.

A cette époque les ducs et les comtes avaient des prérogatives fort étendues. Chaque duc avait une province et il exerçait dans sa province des pouvoirs illimités; il avait le droit de paix ou de guerre et même de vie et de mort. Il avait sous sa dépendance le comte qui lui devait ses services et son contingent de soldats. — Le comte était chargé de lever les impôts, d'administrer la justice et il était, maître dans sa ville comme le duc dans sa province. — A côté du duc et du comte s'élevait un autre pouvoir, celui des *leudes*, qui, après avoir partagé avec le chef les fatigues de la guerre, partageaient aussi avec lui les biens et les hommes.

Tous ces pouvoirs, sans oublier celui des évêques, se heurtaient souvent, ce qui amenait des discussions scandaleuses et des guerres opiniâtres.

Clovis mourut en 511 à Paris ; il laissa son royaume à ses quatre fils : Thierry, Clotaire, Childebert et Clodomir, qui se le divisèrent en conservant Paris en commun. Aucun d'eux n'y exerçait son autorité, ni y entrait sans le consentement des autres. — Ce partage amena des discussions nombreuses entre les quatre frères.

Clodomir, qui eut la tête coupée par les Bourguignons, laissa trois fils dont deux furent assassinés par leur oncle Childebert, et le troisième, Chlodowalde, ne se sauva qu'en se coupant les cheveux et se faisant prêtre. — Il fut inhumé dans un village voisin de Paris qui porte son nom, *Saint-Cloud,* et est aujourd'hui une résidence impériale.

Childebert, voulant s'absoudre de tous ses

péchés, fit bâtir l'église de Sainte-Croix (aujourd'hui Saint-Germain des Près, et sur l'autre rive de la Seine, Saint-Vincent, appelé plus tard Saint-Germain l'Auxerrois du nom de saint Germain d'Auxerre, évêque de Paris, qui la consacra. — Ces deux églises, qui existent encore, sont les deux plus anciennes de la capitale. L'église de Saint-Germain des Prés fut appelée primitivement Sainte-Croix à cause de l'hommage que lui fit le roi d'une magnifique croix d'or qu'il avait enlevée par la force ou la rapine dans une guerre d'Espagne.

Les cloches, qui ont été inventées en Italie en l'an 400 par Polinius, évêque de Nola, ne tardèrent pas à se répandre dans les pays catholiques, et Childebert fit venir en 550, à ses frais, la première qui ait paru en France.

Ce roi mourut en 558, le jour même de l'inauguration de l'église de Sainte-Croix qu'il avait enrichie de ses présents, et fut enterré dans ce temple. — A peine eut-il fermé les yeux que son frère Clotaire envoya en exil sa veuve et ses enfants ; mais il ne tarda pas à expirer lui-même, en s'écriant peu d'instants avant sa mort : *Quelle est donc la puissance de ce roi du ciel qui fait ainsi mourir les plus grands rois de la terre.*

L'église de Saint-Séverin, qui se trouve entre la rue Saint-Séverin et le nouveau boulevard Saint-Germain, remonte à cette époque. Cet édifice a été reconstruit en partie à diverses reprises. — On voit à son entrée secondaire deux lions en pierre entre lesquels l'on rendait autrefois la justice. — Sur la porte d'entrée on lisait, il y a peu de temps encore, ces quatre vers :

> Passant, penses-tu passer par ce passage,
> Où, pensant, j'ai passé ?
> Si tu n'y penses pas, passant, tu n'es pas sage ;
> Car, en n'y pensant pas, tu te verras passé.

Les successeurs de Clotaire se souillèrent de crimes de toute espèce. Ils ont été surnommés, avec raison, rois fainéants, et nous devons épargner au lecteur l'interminable série d'atrocités par eux commises. — Deux femmes, Frédégonde et Brunehaut, ces deux rivales du crime, dont les noms sont encore cités pour désigner les femmes inhumaines, servent ponr ainsi dire de transition historique entre Chilpéric et Pepin le Bref.

L'histoire raconte que Chilpéric, étant un jour à Chelles, sur le point d'aller à la chasse, entra dans l'appartement de Frédégonde qui était à sa toilette. Il lui donna par derrière, en badinant, un petit coup d'une baguette qu'il tenait à la main. La reine, pensant que c'était un seigneur de la cour nommé Landry, qu'elle ne détestait pas, répondit en souriant : *Tais-toi Landry*. Ces paroles affectueuses firent comprendre au roi la limite de ses prérogatives, et il se retira brusquement en laissant apercevoir l'impression qui le dominait. — Dès que Chilpéric fut sorti, Frédégonde fit venir Landry, et après lui avoir exposé les dangers de la situation, un scélérat se mêla dans la foule des chasseurs et poignarda le roi, qui mourut sur-le-champ, en 584.

Si l'histoire est vraie dans ce détail, elle donne le degré d'utilité de nos grandes glaces pour la toilette, et elle doit nous faire apprécier la supériorité de notre éducation, qui ne permet plus le tutoiement aux reines.

Clotaire II, fils de Chilpéric, fit attacher Brunehaut à la queue d'un cheval indompté et la fit traîner sur des cailloux jusqu'à ce qu'elle fût écartelée.

Dagobert, que la chronique a surnommé le Salomon des Francs, fut un roi original et bon. Il aima passionnément deux choses : les femmes et la chasse.

Une chanson stupide nous le fait connaître comme ayant tourné sa culotte à l'envers; mais la culotte n'étant pas encore en usage, car on ne portait que des braies, cette espièglerie disparaît d'elle-même. — Saint Éloi, son ministre, lui prêchait la morale souvent et le ramenait à racheter ses fautes par de bonnes œuvres. C'est ainsi qu'il fonda, en l'honneur de l'évêque martyr, l'abbaye de Saint-Denis, à 7 kilomètres de Paris. Le maître-autel en marbre d'Égypte de cette basilique est un des plus riches de France ; il est décoré sur le devant d'un bas-relief en vermeil qui représente l'adoration des bergers. Au-dessous du chœur règne une galerie souterraine dans laquelle se trouvent les tombeaux des rois de France. Ces caveaux, qui sont en réparation dans ce moment-ci, peuvent être visités par le public en se faisant accompagner du gardien qui nous a paru, surtout pour les dames, d'une complaisance à signaler.

Sous les rois fainéants, Paris resta à peu près stationnaire.

Les mœurs de cette époque différaient beaucoup des nôtres. La cérémonie du couronnement des rois était tout à fait simple ; on mettait entre les mains du prince appelé au trône la hache de son prédécesseur; on l'élevait ensuite sur le pavois, et les soldats le portaient ainsi en triomphe autour du camp. — Les reines étaient choisies pour leur beauté et non pour la naissance ou les considérations politiques. — La chevelure était en grand honneur chez les Francs ; c'était parmi eux une manière de saluer très-respectueusement que de s'arracher un cheveu en abordant les personnes. Par la raison que la chevelure était en grand honneur, les esclaves étaient rasés. Les prêtres, par esprit d'humilité, se rasaient aussi et ne conservaient sur le sinciput qu'un petit cercle de cheveux. — C'est très-probablement à cette époque que remonte la tonsure.

Vers l'an 752, le duc Ranching avait à son service un jeune garçon et une jeune fille que le sentiment d'un amour honnête attachait l'un à l'autre. Ils demandèrent à sanctionner leur union par le lien du mariage. Le duc donna son consentement, mais le prêtre, qui le connaissait sans doute, lui dit : « En conservant ces époux à votre service, vous devez vous engager par serment à respecter leur union bénie par l'Église. » Le duc le promit ; mais à peine fut-il rentré chez lui qu'il fit creuser un tronc d'arbre en forme de cercueil, où bientôt les deux époux, attachés l'un contre l'autre, furent placés par ses ordres. Un couvercle fut mis sur ce tombeau des vivants et le tout fut recouvert de terre ; après quoi il dit : « Je n'ai point violé mon serment, je n'ai pas séparé les époux, les voilà unis pour l'éternité. » Le prêtre, instruit immédiatement d'une action aussi noire, accourut et demanda l'exhumation ; on découvrit la fosse. Le jeune homme rendait presque le dernier soupir ; la fille avait expiré. — Cet acte de barbarie suffirait pour peindre ce qui se passait dans ces temps reculés.

Une aveugle superstition présidait à la plupart des actions des Francs. Saint Martin, leur plus ancien patron, avait tant de crédit chez eux qu'on ne croyait pas pouvoir exécuter heureusement un projet sans son agrément. Les voyageurs, sur le point de se mettre en route, ne manquaient pas de l'invoquer et de clouer, pour lui complaire, un fer de cheval sur la porte de l'église de leur paroisse.

CHAPITRE IV.

PARIS SOUS LA SECONDE RACE.

(13 rois. — De 751 à 987.)

Pepin le Bref, profitant de la chute du
pouvoir royal, fut assez adroit et assez heureux pour s'asseoir sur le trône, et après
avoir réuni toute la Gaule sous sa puissance,
il eut la pensée de légitimer son usurpation
par un sacre solennel. — Saint Boniface, archevêque de Mayence, fut chargé de faire
descendre sur la tête du nouveau roi la béné-
diction céleste. — C'est le premier exemple
d'une pareille cérémonie pratiquée en
France. Plus tard, pour mieux affermir sans

doute sa domination, il jugea convenable de s'adresser au vicaire de Jésus-Christ, comme entretenant des relations plus directes avec le ciel, et le pape Étienne III vint le sacrer en France en 754. — Aussi Pepin se montra reconnaissant, et dans sa campagne d'Italie, après s'être emparé de l'exarchat de Ravennes, il en fit don au chef de l'Église et fonda ainsi cette puissance temporelle des papes, si débattue et si malade de nos jours.

Charlemagne, fils de Pepin, donna son nom à la dynastie carlovingienne. Après s'être promené en vainqueur dans toute l'Europe, il fut proclamé empereur d'Occident par le pape Léon III, et fixa sa résidence à Aix-la-Chapelle pour être plus au centre de ses États : mais il n'oublia pas Paris et il établit, en le quittant, des écoles dans son propre palais.

Ses voyages en Italie lui avaient appris combien les connaissances des Francs étaient inférieures à celles des autres nations. Aussi il fit venir du dehors des grammairiens et des savants, et surtout des chantres, car l'art de chanter au lutrin passait pour une science qui donnait la mesure de la plus haute intelligence humaine.

C'est à Charlemagne que nous devons l'institution de la livre numérique et la mesure de son pied qu'on appela pied de roi. Les sous et les deniers furent d'abord d'argent pur; le sou d'or valait environ quinze de nos francs. — Ce prince avait coutume de sceller les traités avec le pommeau de son épée et il disait : « Je les soutiendrai avec la pointe. » — Sa mort arriva le 28 janvier 814, dans son palais d'Aix-la-Chapelle.

Sous ses successeurs, Louis le Débonnaire et Charles le Chauve, les Normands vinrent plusieurs fois ravager les rives de la Seine. En 845, la veille de Pâques, profitant du moment où les Parisiens songeaient à célébrer dignement la fête, ils arrivèrent sur de nombreuses barques, pillèrent la ville et la firent brûler en grande partie.

Encouragés par un premier succès, les Normands revinrent en 856 et 861 et démolirent le grand pont, ou Pont-au-Change, dont les arches trop rapprochées interceptaient le passage de leurs bateaux. — Durant ces ravages, Charles le Chauve restait tranquillement à Senlis. Quand les barbares se furent retirés, il ordonna la réparation des dégâts et notamment le rétablissement du grand pont. Il mit la dépense à la charge de l'évêque de Paris pour l'amour de Dieu et de la sainte Vierge Marie. — Cette mesure fut loin de lui attirer l'estime du clergé.

En 885, les Normands reparurent; mais Goslin, évêque de Paris, disposa tout pour la défense. Il augmenta les fortifications de la ville; des tours en bois furent élevées à l'extrémité occidentale de la Cité et aux têtes des deux ponts. — Les Normands donnèrent huit assauts dans l'espace de treize mois; mais ils furent obligés de se retirer dans les campagnes environnantes, où ils firent payer, il est vrai, leur insuccès aux malheureux habitants.

En 886, Charles le Gros, un des successeurs de Charles le Chauve, vint à la tête d'une armée au secours des Parisiens et campa au pied de Montmartre ; mais là se borna son expédition. Au lieu de combattre les Normands, il conclut avec eux un traité de paix du prix de quatorze cents marcs d'argent. Par cette somme, payable l'année suivante, en mai 887, les Normands renonçaient au siége de Paris ; mais ça ne les empêcha pas de ravager les contrées environnantes.

La même année, 886, un débordement de la Seine renversa le petit pont; la tour, construite au sud de ce pont, isolée et privée des secours de la ville, fut brûlée par les barbares qui passèrent les défenseurs au fil de l'épée.

Le comte Eudes, qui avait vaillamment défendu Paris de concert avec l'évêque Goslin, fut couronné roi de France du vivant de Charles le Gros qu'on aimait très-peu, et depuis cette époque les Parisiens, ayant moins à souffrir de l'invasion des Normands, bénéficièrent un peu des loisirs de la paix. — Toutefois, sous le règne de Charles le Simple, Rollon, chef de Normands, s'empara de Rouen et contraignit le faible roi à lui donner sa fille

Giselle en mariage, en lui abandonnant la province qui prit dès lors le nom de Normandie.

Deux conciles eurent lieu à Paris en 825 et 829. Dans le premier, on décida qu'il ne fallait pas briser les images, mais qu'il ne fallait pas non plus les adorer. — Dans le second, il fut décrété que les biens des églises cathédrales seraient divisés par égales portions entre l'évêque, le clergé, les pauvres et la fabrique.

Pendant une grande partie de la durée de la seconde race, la France ne figurait dans l'empire que comme province qualifiée de duché. — Après Aix-la-Chapelle, les rois habitaient la ville de Laon. Paris, cessant d'être la résidence du roi, devint celle d'un comte. Sous Charlemagne et ses descendants, les mœurs des comtes étaient tellement dissolues que les rois furent obligés d'exiger d'eux qu'ils rendissent la justice à jeûn.

La hiérarchie des pouvoirs était ainsi graduée : après les comtes, venaient les évêques, les abbés, puis les ingénues ou hommes libres, enfin les serfs ou esclaves. — Cette division féodale donnait naissance à des guerres nombreuses qui paralysaient le commerce et amenaient des famines.

Dans l'espace de vingt-trois ans, l'histoire cite quatorze famines, et pendant les quatre années 850-855-868 et 873, la disette fut si grande que les hommes s'égorgeaient entre eux et se nourrissaient de leur propre chair.— A la suite de ces nombreuses disettes, la mauvaise nourriture détermina une affreuse maladie qu'on appela : *le mal sacré* ou *le mal d'enfer*. Les malades se sentaient dévorés par une ardeur brûlante qui ne cessait qu'à la mort.

Sous le règne de Charlemagne, les criminels étaient condamnés à se promener nus et chargés de chaînes. — Les femmes de mœurs licencieuses devaient parcourir les campagnes pendant quarante jours, sans être couvertes d'aucun autre vêtement que d'une tunique descendant depuis la ceinture jusqu'aux pieds ; un écriteau placé sur leur front désignait aux passants la nature de leur délit.

A cette époque, on procédait par les épreuves du feu, du fer chaud et de l'eau bouillante ; épreuves qu'on appelait : *le jugement de Dieu.* — Dans l'institution du jugement de Dieu, le droit était remplacé par la force, et la justice par le hasard. Cet usage barbare, né dans les forêts de la Germanie et répandu dans la Gaule vers la fin de la seconde race, se montra à Paris comme un fléau. Dans les duels et les combats, le vainqueur avait toujours raison, et si le vaincu ne restait pas sur le champ de bataille, il était assujetti, comme coupable, à une peine très-grave.

Les accroissements de Paris sous la seconde race furent donc à peu près nuls ; l'absence du roi, les guerres et la famine n'étaient pas de nature à pousser au progrès et au développement. — En ce temps-là, les Francs portaient leur chaussure dorée au dehors et fixée aux pieds par des courroies entrelacées. Un bâton de pommier, couvert de nœuds et orné d'une pomme d'or ou d'argent, leur servait d'appui généralement. —

Le comte à l'orient, et l'évêque avec son
clergé à l'occident, se partageaient pour ainsi
dire la ville, et chacun d'eux gouvernait des-
potiquement la partie soumise à son autorité.

CHAPITRE V.

—

PARIS SOUS LA TROISIÈME RACE.

DE HUGUES CAPET A FRANÇOIS Ier.

(21 rois. — De 987 à 1515.)

———

Louis. V, après un règne d'une année,
mourut sans enfant, et Hugues, surnommé
Capet, comte de Paris, fut nommé roi de
France, par une assemblée de seigneurs, de
comtes et de vassaux. — Trois jours après
il fut sacré et commença la troisième race
appelée capétienne; mais il ne tarda pas à
avoir des ennemis nombreux qui ne le laissèrent pas tranquille possesseur de son
royaume. — Beaucoup de comtes et de ducs

lui refusèrent obéissance. L'histoire raconte que le nouveau roi ayant demandé à **Adalbert**, comte du Périgord, l'un des révoltés : *Qui t'a fait comte ?* celui-ci lui répondit : *Qui t'a fait roi ?*

Hugues Capet rétablit la résidence royale à Paris ; mais au lieu d'habiter les Thermes comme les anciens rois, il resta dans le palais de la Cité, aujourd'hui Palais de justice, où les comtes avaient résidé sous la seconde race. — Il mourut en 996 et fut enterré à Saint-Denis.

Robert, fils de Hugues Capet, avait été sacré roi du vivant de son père et n'eut aucune difficulté à monter sur le trône. — Son éducation, tout ecclésiastique, le fit surnommé Robert le Dévot. Les chants et les cérémonies de l'Église étaient son goût dominant. Il paraît que son plus rare talent consistait à chanter au lutrin. — Sa dévotion ne le mit cependant pas à l'abri des foudres du pape, qui lui lança l'anathème pour avoir épousé Berthe sa cousine. Il se hâta de la répudier en faveur de Constance, fille de Guillaume, comte de Provence, qui ne fut pas précisément un modèle de vertu. — D'après un évêque de son temps, on ne pouvait compter sur la parole de cette reine que dans un seul cas : lorsqu'elle promettait de faire du mal.

On attribue au roi Robert l'amélioration du palais de la Cité.

Henri, fils aîné de Robert, prit les rênes de l'État à la mort de son père ; mais il eut à soutenir une guerre acharnée contre sa mère et son frère qui voulaient lui ravir la couronne. Cette guerre, qui ensanglanta les environs de Paris, devint une source de calamités. — On ne voyait que vols et rapines, et les conseils des évêques ne pouvant contenir les brigandages, la *Trève de Dieu* fut instituée. On décida que trois jours et trois nuits de chaque semaine seulement seraient consacrés au meurtre et au pillage; pendant les autres jours on devait voir régner l'innocence et la paix.

Philippe 1er succéda à son père Robert, bien qu'il n'eut que sept ans, et c'est sous son règne qu'on créa la prévôté, qui était une magistrature fiscale, judiciaire et militaire. — Étienne fut le premier prévôt de Paris.

Philippe Ier reçut de ses contemporains le titre de faux monnayeur pour avoir mêlé aux pièces d'argent un tiers de cuivre en alliage. — Il mourut à Melun en 1108.

Son fils, Louis VI, lui succéda et fut sacré dans la ville d'Orléans. — Tout le cours de son règne fut consacré à défendre ses domaines et sa couronne. — Il fit environner Paris d'une muraille pour le mettre à l'abri des invasions et fit construire une forteresse en tête de chaque pont, qu'on appela le grand et le petit Châtelet. Le grand Châtelet était élevé à l'extrémité septentrionale du grand pont, et le petit Châtelet à l'extrémité méridionale du petit pont. — La partie de Paris au nord de la Seine, prit le nom de ville, la partie au midi s'appela quartier Latin, à cause des couvents et des Écoles, et le centre se nomma la Cité.

La tyrannie féodale était peu agréable à Louis VI ; aussi il eut la pensée de créer l'*af-*

franchissement des communes. Par cette institution, les bourgeois et les sujets obtinrent,
moyennant une somme d'argent, le droit
d'être gouvernés par des maires de leur
choix.

A cette époque on commence à voir briller
la lumière.On fondait des écoles publiques, et
parmi les plus célèbres, on cite celle d'Abélard, qui était libre et particulière. — Abélard, dont le génie avait devancé son siècle,
naquit à Palais, près Nantes, en 1079, d'une
famille noble. Il vint à Paris et y enseigna la
philosophie avec un talent supérieur ; aussi
l'enceinte où il donnait ses leçons était toujours remplie, et l'affluence était même si considérable qu'il était obligé de tenir séance en
plein air. — Parmi les élèves qu'il forma, on
compte cinquante évêques, vingts cardinaux
et un pape. Mais de tous ces disciples, nul
ne fut plus digne de ses leçons éloquentes
qu'Héloïse, nièce de Fulbert, chanoine de
Paris. Cette jeune fille de qualité, pleine d'esprit et de cœur, fut bientôt sensible à la parole du maître, et il en résulta un attachement

mutuel qui ne s'éteignit jamais. — Le malheur les sépara pendant le cours de la vie ;
mais pendant que l'amant infortuné et meur-
tri allait cacher sa honte dans l'abbaye de
Saint-Denis, où il se fit religieux, Héloïse,
fidèle et dévouée, prenait le voile à Argen-
teuil. — Abélard mourut au monastère de Cha-
lon-sur-Saône en 1142, à l'âge de soixante-trois
ans. Héloïse demanda ses cendres, les obtint et
les fit placer au Paraclet, dans le couvent
qu'il avait fondé, où elle était et où elle fut
inhumée elle-même en 1163. — Le monde
les avait séparés de leur vivant ; le monde les
réunit à leur mort. Après la destruction du
monastère du Paraclet, les restes d'Héloïse et
d'Abélard furent transportés à Paris, aux
frais de l'État (1), et aujourd'hui presque personne ne visite le cimetière du Père-Lachaise
sans s'arrêter à leur tombeau, qui se présente

----

(1) Lorsque les restes d'Héloïse et d'Abeilard furent transportés à Paris, un Anglais demanda à acheter une dent d'Héloïse et la paya 400,000 francs. — Cet Anglais-là avait sans
doute beaucoup de cœur ; mais il devait avoir aussi pas mal
d'argent.

à l'esprit et au cœur comme un symbole de dévoûement.

La renommée d'Abélard attira un grand nombre d'étudiants à Paris, et on ne peut pas révoquer en doute qu'elle n'ait contribué à l'accroissement de la population. Son enseignement libéral aida aussi puissamment à conquérir des droits au peuple, et, depuis cette époque, les seigneurs cessèrent d'être nommés de droit aux évêchés, aux abbayes et autres bénéfices. — Le chemin de la science devint un peu celui de la fortune,

Le règne de Louis le Gros rendit très-sensible le passage de la barbarie à la civilisation. — Ce roi expira en adressant à son fils ces paroles mémorables : « *Souvenez-vous, mon fils, que la royauté n'est qu'une charge publique dont vous rendrez un compte rigoureux après votre mort.* »

Louis VII, dit le Jeune, succéda à son père en 1137. — C'est sous ce roi qu'il est fait mention dans l'histoire de l'ordre des Templiers et des chevaliers de Malte, mélange de l'état militaire et de l'état monastique. —

Ces deux corps durent leur origine aux croisades.

Alors la capitale était traversée par des rues non pavées, et par conséquent sales, boueuses et malsaines. — Si l'on en excepte les édifices publics, elle n'était formée que de misérables échoppes en bois toujours prêtes à devenir la proie des flammes. Leur malpropreté, l'air insalubre qu'on y respirait et les dangers qu'on y courait avaient fait donner à certains quartiers les noms : de *Trou-Punais*, de *Fosse-aux-Chiens*, de *Vide-Gousset*, de *Coupe-Gueule*, de *Vallée-de-Misère*, et de plusieurs autres plus ou moins décents. Ce qu'il y a de piquant, c'est que le *Val-d'Amour*, où les femmes ne se rappelaient de toute la religion que les mots : *Frappez et l'on vous ouvrira*, se trouvait dans la Cité, juste à côté de Notre-Dame.

Le prévôt de Paris habitait le grand Châtelet, où l'on percevait les droits d'entrée qui s'élevaient annuellement à 12 livres, ce qui faisait environ douze fois 41 francs de notre monnaie ou 492 francs. — Un marchand qui voulait entrer avec un singe pour le vendre était tenu de payer quatre deniers ; si le singe appartenait à un bateleur, cet homme, en faisant jouer et danser l'animal devant le péager, devait être acquitté de tous droits tant pour le singe que pour lui-même. — Voilà l'origine de ce proverbe bien connu : *Payer en monnaie de singe.*

Telle était la situation de Paris sous le règne de Louis VII. Ce roi mourut en 1180 et son fils, Philippe II, lui succéda. Il reçut d'abord le surnom de Dieudonné, et ensuite il mérita par son courage celui d'Auguste. Il ramena pour la France les beaux jours de Charlemagne. Il habita le palais de la Cité ; mais les pluies et le froid en rendaient le séjour peu agréable en hiver. Les chariots qui remuaient la boue faisaient des cloaques. Philippe-Auguste, pour se débarrasser des émanations pestilentielles qui montaient à ses croisées, manda le prévôt des marchands et les principaux bourgeois, et leur enjoignit de faire paver les rues avec de forts carreaux de pierre ; mais ce travail, commencé sans ressources assurées, s'exécuta avec tant de lenteur qu'il n'était pas complétement achevé dans tout Paris à la révolution de 1789.

Pour l'entretien du pavé et l'amélioration de la viabilité, on créa un voyer qui avait aussi mission de surveiller l'exécution des ordonnances relatives aux industriels et aux marchands (1).

Philippe-Auguste, par la faveur particulière qu'il accorda à l'instruction, en avança les progrès. — Plusieurs écoles se fondèrent sous son règne.

Entre l'esplanade des Invalides actuelle, le bourg de Saint-Germain et la Seine, s'étendaient de vastes prairies où les étudiants avaient coutume de se livrer aux jeux de

---

(1) Le premier agent-voyer de France fut *Jehan Sarrasin* et remonte à l'année 1200. Il était payé en nature, et d'après les registres qu'il a laissés, il recevait « un mets de redevance de chaque boucher nouvellement installé ; deux faix de paille de chaque marchand de paille ; deux livres de chandelles de chaque marchand ; deux chapeaux de chaque chapelier la veille de l'Épiphanie ; un fromage de chaque fromagier, la veille des étrennes ; deux faix d'herbe de chaque herbier et un gâteau de chaque gastelier la veille de l'Épiphanie. »

leur âge. De là cette plaine reçut le nom de *Pré-aux-Clercs*. On appelait clercs les écoliers qui se destinaient à l'état ecclésiastique. — Une grande discussion s'éleva entre eux et les moines de Saint-Germain, relativement à cet emplacement; l'affaire fut portée devant le concile de Tours, où se trouvaient assemblés dix-sept cardinaux et cent vingt-quatre évêques, et elle fut terminée à l'avantage des moines; mais les écoliers ne se tinrent pas pour battus, et un combat s'ensuivit où un étudiant resta sur place. Les esprits s'aigrirent à tel point que les deux partis en référèrent au pape. — Le pape, après mûres et longues réflexions, finit par ne rien décider.

L'Université, qui commençait à naître, n'avait pas de sceau pour sanctionner ses actes et empruntait chaque fois que le besoin s'en faisait sentir celui du chapitre de Notre-Dame. — Pour se soustraire à cette humiliante ou gênante nécessité, elle résolut d'en faire graver un à ses armes. Le chapitre fut instruit de ce projet et s'empressa de le dénoncer au légat du pape. Le représentant du pontife força l'Université à comparaître devant lui, brisa publiquement le sceau qu'elle avait adopté, et menaça de toutes les foudres romaines ceux qui auraient l'audace d'en fabriquer un autre à l'avenir. Les écoliers, en apprenant cette nouvelle, se révoltèrent contre le légat, qui fut forcé de quitter la capitale.

Dans ce temps-là, la maison du roi n'était pas le luxe de nos jours. La paille remplaçait les parquets et les tapis dont on se sert aujourd'hui, car nous apprenons de Philippe-Auguste lui-même qu'il accordait à l'Hôtel-Dieu, pour l'usage des pauvres, la paille de sa chambre et de sa maison chaque fois qu'il quittait Paris.

De nombreux monuments furent construits sous ce règne. Parmi les plus importants, il faut citer d'abord la cathédrale de Notre-Dame. L'ancienne église en bois qui existait sur le même emplacement menaçant ruine, Maurice de Sully, qui monta par son intelligence du rang d'écolier mendiant à celui d'évêque de Paris, en conçut la reconstruction sur un plan grandiose et magnifique. La première pierre fut posée en 1165, par le pape Alexandre III, réfugié en France. Les travaux furent terminés vers la fin du xive siècle, environ deux cents ans plus tard. — Sa façade, grande et majestueuse, offre à sa partie inférieure trois portiques chargés d'ornements très-détaillés. Cette basilique est surmontée de deux grosses tours de forme carrée ; les portiques de ces tours ont ceci de particulier que les ornements infinis de leurs portes sont en fonte. Ce travail, attribué au nommé Biscornet, sembla aux Parisiens si miraculeux qu'ils crurent que l'ouvrier avait été inspiré par le diable. La tour méridionale contient la grosse cloche appelée Bourdon qui est destinée à célébrer les fêtes solennelles ; elle pèse 15,000 kilogrammes. Refondue en 1682, elle reçut de Louis XIV et de la reine, ses parrain et marraine, le nom d'*Emmanuelle-Louis-Thérèse.*

Les dimensions de cet édifice remarquable ont été mises en vers par un poëte du temps qui s'exprime ainsi :

Si tu veux savoir comme est ample
De Notre-Dame le grand temple
Il y a dans œuvre pour le seur
Dix et sept toises de hauteur,
Sur la largeur de vingt quatre
Et soixante cinq, sans rabattre,
A de long. Aux tours haut montées
Trente et quatre sont bien comptées ;
Le tout monté sur pilotis,
Aussi vrai que je te le dis.

Les halles, transformées plusieurs fois depuis, doivent leur création à Philippe-Auguste.

L'aqueduc de Saint-Gervais, qui existe encore et qui prend les eaux des hauteurs de Romainville et de Ménilmontant pour les conduire dans un réservoir qui alimente les fontaines de Saint-Lazare, des Filles de Dieu, des Innocents et de la halle, fut construit en 1223. — L'aqueduc de Belleville, qui prend les eaux de Belleville pour les mener à la fontaine de Saint-Martin, date de la même époque.

Le Louvre fut entrepris en 1185 sous le nom latin de *Lupara*. Cette date est prouvée par une déclaration de Philippe-Auguste dans laquelle le roi reconnaît devoir la somme de trente sous à la confrérie de Saint-Denis de la Chartre, pour avoir bâti sur ses terres la tour du Louvre. — Cette tour, qui était alors située hors de la ville, servait tout à la fois de palais, de citadelle et de prison.

L'église de Saint-Étienne du Mont et l'hôpital de la Trinité, furent également édifiés ; mais le travail qui caractérise le plus le règne de Philippe-Auguste fut la nouvelle enceinte de Paris. — Le roi, en partant pour la Terre sainte, imposa sur le clergé une contribution qu'on appela : *Dîme saladine*, et il donna l'ordre de construire une muraille autour de la ville. Cette clôture, qui se fit en deux reprises, dessinait un contour à peu près figuré par le pont des Arts, la cour du Louvre, l'Oratoire, la rue de Grenelle-Saint-Honoré, la rue Montmartre, la rue Bourg-l'Abbé, la rue Michel-Lecomte, la rue du Temple, la rue Saint-Antoine, la rue Saint-Paul, la Seine, le pont de la Tournelle, la rue des Fossés-Saint-Victor, la place de l'Estrapade, la rue des Fossés-Saint-

Jacques, la rue d'Enfer, la place Saint-Michel, la rue Monsieur-le-Prince, l'École de médecine, la rue Saint-André-des-Arts, la rue Dauphine et l'Institut. — Cette muraille était percée de treize portes et fut nommée muraille du roi.

La journée du Parisien était réglée par des ordonnances. L'aurore était annoncée au son des trompettes ; on dînait à midi, et après le souper les cloches sonnaient le couvre-feu. Il était défendu de veiller et de se divertir pendant la nuit sans la permission du roi ou du prévôt.

Louis VIII ne régna que trois ans. Ce prince, dit Saint-Foix, voulant distinguer les femmes honnêtes d'avec les filles de joie, défendit à ces dernières de porter certains ajustements qui étaient alors à la mode, et spécialement les ceintures dorées. Son règlement fut mal exécuté ; mais les honnêtes femmes s'en consolèrent par le témoignage de leur conscience, et c'est de là qu'est venu le proverbe : *Bonne renommée vaut mieux que ceinture dorée.*

Louis IX monta sur le trône en 1226 ; comme il n'avait que douze ans, la régence fut confiée à sa mère Blanche de Castille, femme un peu impérieuse malgré sa dévotion. — Elle commandait le roi au point de lui interdire pendant le jour de voir son épouse Marguerite de Provence. Aussi la dévotion du roi était telle qu'un jour « il prit la résolution, dès que son fils aîné serait majeur et si sa femme ne s'y opposait pas, d'entrer dans un monastère. Il communiqua ce projet à la reine en lui recommandant le secret ; mais cette princesse lui déclara qu'elle n'y consentirait jamais. Elle fit appeler ses enfants, et en présence du duc d'Anjou, oncle de Louis, elle leur dit : « *Aimez-vous mieux être fils d'un prêtre que fils d'un roi ?* » Elle ajouta ensuite : *Sachez que les Jacobins ont tellement fasciné l'esprit de votre père qu'il veut abdiquer la couronne pour se faire prêcheur.* Le duc d'Anjou entendant ces paroles, fut transporté de colère, et l'aîné des enfants de Louis fit, au nom de saint Denis, le serment de chasser tous les moines dès qu'il serait monté sur le trône.

Louis IX habita le palais de la Cité au milieu duquel il fit construire la Sainte-Chapelle pour vaquer plus exactement à ses dévotions, et ensuite pour y conserver les précieuses reliques qu'il acheta successivement de Baudouin II, empereur de Constantinople.

Ces reliques, selon les chroniques du temps, étaient :

La couronne d'épine de Notre-Seigneur Jésus-Christ ;

Un morceau de la vraie croix ;

Un fragment du fer de la lance ;

Le manteau de pourpre tout entier ;

Les langes ;

La chaîne qui lia Notre-Seigneur Jésus-Christ ;

Une partie du suaire ;

La verge de Moïse ;

Et le roseau qu'on mit dans la main de Notre-Seigneur.

Tous ces trésors de la foi furent évalués trois millions, y compris la dépense de la chapelle.

Sous saint Louis, Paris était gardé par soixante sergents moitié à pied, moitié à cheval, commandés par un chevalier du guet (1).

Parmi les monuments qui furent édifiés nous citerons :

L'église Saint-Nicolas du Chardonnet, qui existe encore entre la rue Saint-Victor et le nouveau boulevard Saint-Germain;

Le collége de la Sorbonne qui fut fondé par Robert Sorbon, chapelain de Louis IX. — Cet établissement était destiné aux écoliers qui n'avaient pas assez de fortune pour parvenir au grade de docteur ; mais cette institution, grâce à la protection spéciale et aux dons de saint Louis, devint bientôt une faculté de théologie, et jugeait en dernier ressort les ouvrages de toute nature. Elle poussait même l'audace jusqu'à com-

---

(1) Aujourd'hui il y a à Paris 4,000 sergents de ville, sans compter les officiers de paix, les commissaires de police, les inspecteurs divisionnaires et l'armée nombreuse des employés de la police secrète.

mander et déposséder les rois et le pape. Aussi un journal, appelé *l'Estoile*, s'exprimait ainsi : « La Sorbonne, c'est-à-dire trente ou quarante pédants, maîtres **ex-arts** crottés, qui traitent des sceptres et des couronnes, firent en leur collége, le 16 décembre 1587, un résultat qu'on pouvoit ôter le gouvernement aux princes qu'on ne trouveroit pas tels qu'il falloit. » — Duvernet, dans son *Histoire de la Sorbonne*, donne des renseignements assez curieux. « Pour être en droit, dit-il, de porter le titre de docteur en Sorbonne, il fallait avoir fait ses études dans ce collége, y avoir pendant dix ans argumenté, discuté et soutenu divers actes publics ou thèses qu'on distingue en *mineure, en majeure, en sabatine, en tentative, et petite et grande sorbonique*. C'est dans cette dernière que le prétendant au doctorat doit sans boire, sans manger, sans quitter sa place, soutenir et repousser les attaques de vingt assaillants ou ergoteurs qui se relayent de demi-heure en demi-heure, le harcellent depuis 6 heures du matin jusqu'à 7 heures du soir. »

Le cardinal de Richelieu, qui avait fait ses études théologiques à la Sorbonne, la fit reconstruire par reconnaissance dans des proportions plus grandes et mieux conçues.

L'hospice des Quinze-Vingts fut créé en 1260, dans le voisinage du cloître Saint-Honoré. Il fut transporté en 1779, par le cardinal de Rohan, dans le faubourg Saint-Antoine.

L'Hôtel-Dieu, édifié sous Clovis, comme nous l'avons vu, fut considérablement agrandi.

L'institution de l'Université date véritablement de saint Louis. Ce mot Université, qui signifie universalité des connaissances humaines, devint un sujet de prétention pour les maîtres qui eurent bientôt la pensée orgueilleuse de censurer tout. — L'enseignement était divisé en deux parties : le *Trivium* et le *Quatrivium*. Le trivium comprenait la grammaire, la dialectique et la rhétorique. Le quatrivium réunissait l'arithmétique, l'astronomie, la géométrie et la musique. Peu de personnes pouvaient embrasser ensemble le trivium et le quatrivium, et quand on était assez heureux pour les réunir comme Abélard par exemple, on était signalé comme doué d'une manière exceptionnelle, et on jouissait d'une réputation d'érudition et d'intelligence qui dépassait toutes les limites.

L'éducation de saint Louis l'avait porté à une piété excessive ; aussi les moines, sous son règne, arrivaient de toutes les parties de l'Europe. — Le couvent des Grands-Augustins fut établi à l'angle de la rue et du quai qui portent encore son nom.

Les Carmes du grand couvent fondèrent également un établissement; mais il paraît que l'abstinence n'était pas leur première loi, car ils donnèrent naissance au proverbe : *Libertin comme un carme*, qui s'est perpétué jusqu'à nos jours, et leur couvent fut démoli. — Sur son emplacement, on a bâti les halles de la place Maubert.

Les Chartreux, établis d'abord à Gentilly, vinrent à Paris en 1259 et s'établirent un peu au delà du jardin actuel du Luxembourg, dans le château de Vauvert, que leur donna saint Louis. — Ce château était depuis longtemps inhabité, et selon la croyance générale, le diable et tout son conseil y tenaient leurs séances nocturnes ; des cris funèbres s'y faisaient entendre et des revenants rôdaient à l'entour ; aussi il donna lieu au proverbe : *Aller au diable Vauvert* ou *au diable au vert.* Les Chartreux, mieux instruits que les Parisiens de la cause qui produisait cette terreur générale, s'y installèrent très-tranquillement.

Le collége d'Harcourt fut fondé par Raoul d'Harcourt, docteur en droit, qui le destinait aux pauvres écoliers des diocèses de Coutances, de Bayeux et d'Évreux.

De saint Louis à Jean le Bon, les lumières firent de rapides progrès. — Paris vit s'élever dans ses murs un grand nombre de colléges et de petites écoles ; toutefois les maîtres ne pouvaient enseigner qu'aux garçons et les maîtresses qu'aux filles, à moins d'une permission expresse du chantre de Notre-Dame, qui percevait des impôts à ce sujet. Pour éviter cet impôt onéreux, quelques maîtres allèrent à la campagne, dans des lieux écartés, ouvrir des écoles indépendantes qu'on appela écoles buissonnières. — C'est de là qu'est venu ce proverbe très-connu : *Faire l'école buissonnière.*

Ce fut Philippe le Bel qui, par une lettre en date du 9 juin 1312, adressée au prévôt des marchands, ordonna la construction du plus ancien quai de Paris, le long du couvent des Augustins, jusqu'à la tour de Nesle. — « Tout le bord de la rivière, dit Félibien, n'était alors revêtu d'aucun mur. Il était en pente et garni de saules à l'ombre desquels les habitants allaient se promener; mais les inondations fréquentes de la rivière minaient et faisaient craindre pour les maisons. »

La tour de Nesle, qui a un rôle important dans la chronique scandaleuse de cette époque, était située à l'endroit qu'occupe aujourd'hui le palais de l'Institut. — Les croisées donnaient toute facilité à Jeanne de Bourgogne, épouse de Philippe le Long, pour faire jeter dans la Seine ceux qui l'incommodaient ; mais Buridan échappa au supplice et fit circuler dans tout Paris, à cette occasion, le sophisme suivant : *Ne craignez pas de tuer une reine, si c'est nécessaire.*

Les établissements d'instruction étaient nécessaires, car la civilisation laissait à désirer. Robert de Blois, poëte de cette époque, recommandait aux dames d'éviter les serments inutiles et l'ivrognerie. « Fi, dit-il, de la dame qui s'enivre ; elle n'est pas digne de vivre. » Il exhorte en outre ses aimables compatriotes, « à ne point trotter en allant à l'église et à ne point refuser le salut à ceux qu'elles rencontrent, pas même aux pauvres gens. Pendant la messe, elles doivent s'abstenir de regarder de côté et d'autre, de parler et de rire ; de rester assises à l'évangile et à l'élévation, de faire sans courtoisie le signe de la croix et d'aller à l'offrande en plaisantant. Elles doivent réciter par cœur leurs prières à moins qu'elles ne sachent lire, alors le Psautier est de rigueur. —Comme la propreté est nécessaire aux dames, ajoute-t-il, c'est pour elles une obligation de couper de temps en temps leurs ongles. »

4.

L'auteur blâme la coutume de montrer la blancheur de sa peau, en laissant découverts la gorge, les jambes et le côté; cette dernière nudité résultait de la forme des vêtements. Il engage les dames à fermer par des agrafes toutes les ouvertures faites à leurs vêtements.

Robert, comme nous l'avons vu, avait fait améliorer le palais de la Cité; Louis IX le fit agrandir et Philippe le Bel le fit réparer ét l'accrut. — Cet édifice, qui devint la résidence des rois après le palais des Thermes jusqu'à Charles VII, servait aussi au Parlement pour tenir ses séances. Au-dessus de la porte de la grande chambre où ce corps se réunissait, fut sculpté en pierre un lion qui avait la tête basse et les jambes pliées, pour donner à entendre que quiconque franchissait cette porte, quelles que fussent sa dignité et sa richesse, devait s'humilier et obéir à la justice.

La création du Parlement remonte au commencement de la troisième race; il était d'abord composé de barons et d'évêques; puis on le reconstitua sur de nouvelles bases et on y introduisit douze prélats, treize clercs et treize laïques. — Sous Philippe le Bel, il s'assemblait deux fois par an, et chaque session durait deux mois.

Le Parlement faisait toutes les années sa rentrée solennelle après la fête de Saint-Martin, et on célébrait une *messe rouge*, ainsi nommée probablement parce que tous les membres y assistaient en robe de cette couleur. A l'issue de la cérémonie, les présidents et les conseillers se saluaient réciproquement, non à la manière des hommes, mais comme les femmes en tenant le buste droit et ployant un peu les genoux.

Presque en même temps fut créée à Paris la Chambre des comptes dont la mission était d'examiner et d'assurer tous les comptes du domaine royal. — C'était une administration compliquée qui comptait un premier président, vingt présidents, soixante-huit maîtres, deux correcteurs auxiliaires, un procureur général, deux greffiers en chef, un payeur des gages et un archiviste. Le secret était gardé sur toutes les opérations de la Chambre des comptes.

L'ordre des Templiers, à la fois monacal et militaire, s'était établi dans le vaste enclos du Temple et y avait fait édifier cette fameuse tour du Temple, si riche de souvenir, d'où le malheureux Louis XVI et sa famille ne devaient sortir plus tard que pour monter sur l'échafaud. Philippe le Bel, convoitant les richesses des Templiers, les chassa en 1314. Le grand maître, Jacques Molay, fut brûlé à petit feu, répétant au milieu des flammes que son ordre était innocent des crimes que le roi lui imputait.

Sous le règne de Philippe le Bel, les eaux de la Seine débordèrent et se répandirent dans les rues de la ville. Elles renversèrent le petit Châtelet, le grand et le petit pont ainsi que les maisons qu'ils supportaient. L'inondation fut si considérable qu'un grand nombre d'habitants se trouvèrent assiégés chez eux, et comme ils mouraient de faim, trois bateaux furent employés à leur porter à manger.

A cette époque, la population de Paris était de 39,775 âmes sans y comprendre les faubourgs.—Les Parisiens étaient éveillés avant le jour par les cris des baigneurs qui annonçaient que les bains étaient chauds. — Un homme, tout de noir habillé, parcourait les rues avec une sonnette, en criant : *Priez pour les trépassés.* — Un cri non moins funèbre était : *Le ban du roi;* c'était l'ordre de se tenir prêt à marcher à la guerre. — Les crieurs de comestibles, volailles, poissons, légumes et fruits étaient nombreux.

La première mention que nos historiens font des représentations dramatiques de Paris, remonte à Philippe le Bel, et l'une des premières pièces fut : *Adam et Ève*, publiée par le savant Victor Luzarche. On y voyait l'indication d'une mise en scène assez complète. Un serpent, artistement confectionné, y paraît pour corrompre les deux époux. Lorsque Adam a mangé la pomme et qu'il comprend l'étendue de sa faute, il se baisse comme anéanti par le remords derrière la balustrade qui le cache; il quitte précipitamment sa belle tunique rouge, pour se montrer revêtu de guenilles et s'écrier piteusement :

Alas ! pecchor, que ai-je fait ?
Mal m'est changé ma aventure !
Mul fu jà bone ; or mul est dure :
Je ai guerpi mun créator
Par le conseil de mal uxor !

Dans ces représentations informes, les rôles de femmes étaient remplis par des jeunes gens.

Lorsqu'un malheur arrivait dans une maison, il n'était pas rare de voir le propriétaire sur sa porte, criant à tue-tête : « Aide-moi, Dieu de majesté ! à quelle mauvaise heure suis-je né. »

Charles V fit construire la Bastille qui exista jusqu'en 1789. — C'est également sous ce règne que le château de Vincennes fut agrandi et le Louvre restauré au moyen d'une taille imposée sur le peuple de Paris. Ce roi, pour dédommager ses sujets des impôts qui pesaient sur eux, donna des lettres de noblesse à tous les bourgeois de la capitale. De là cette maxime des jurisconsultes : « En la noble ville de Paris. »

L'hôtel Saint-Paul, dans la rue Saint-Antoine, fut construit à cette époque et devint la résidence royale jusqu'à Charles VII.

Pendant le règne de Charles V, Paris fut désolé par une contagion si affreuse que les magistrats n'osèrent plus se réunir, et les tribunaux demeurèrent déserts tout l'été et une partie de l'automne.

Charles VI succèda à son père Charles V en 1380 ; mais la capitale progressa peu sous son règne. — Le 20 juillet 1385, il épousa Isabeau, fille d'Étienne II, duc de Bavière, et lui prépara une entrée solennelle dans Paris. Le jour de son arrivée, on voyait à la porte aux Peintres, rue Saint-Denis, « un ciel garni de nuages et d'étoiles, et au centre, la Trinité. Des enfants, habillés en anges, exécutaient des concerts. Quand la reine passa, deux anges descendirent et lui posèrent sur la tête une couronne d'or en chantant :

> Dame enclose entre fleurs de lys,
> Reine, êtes-vous du Paradis
> De France et de tout le pays ?
> Nous en rallons en Paradis.

En 1393, le roi traversant la forêt du

Mans, un homme vêtu de blanc s'élance à la bride de son cheval et lui crie : « N'avance pas on te trahit ». Un page qui portait sa lance en frappa par mégarde le casque d'un de ses camarades. Le bruit qui en résulta excita la fureur du prince et le rendit fou. — Dans ses moments lucides, on n'épargna rien pour essayer de le guérir ; les fêtes, les amusements furent prodigués et faillirent occasionner sa mort, comme on va le voir. — Le roi parut dans un bal déguisé en sauvage et traînant à sa suite cinq seigneurs, sous le même costume, enchaînés les uns aux autres. Le duc d'Orléans, son frère, ayant approché un flambeau pour les examiner, le feu se communiqua à leurs vêtements excentriques et quatre d'entre eux en moururent. — La duchesse de Berry recueillit Charles VI sous son manteau et le sauva ; mais ses accès de démence redoublèrent et il était dans l'impossibilité de gouverner par lui-même. — Son frère, le duc d'Orléans, prit les rênes de l'administration ; mais il ne tarda pas à être assassiné. Jean Petit, cordelier, docteur en théologie, se chargea de justifier cet assassinat. Il émit l'avis qu'on devait en récompenser l'auteur, et finit par établir, dans douze arguments, en l'honneur des douze apôtres, cette maxime : « Qu'il est permis de tuer les princes que l'on croit être tyrans. »

Les cartes à jouer furent inventées pour amuser le roi. — Les gens sensés doivent donc toujours se méfier de ce cadeau de la folie.

Charles VII succéda à son père Charles VI. Il fit son entrée à Paris sous un dais dont les bâtons étaient portés par les échevins et le corps des marchands. A la suite marchait une mascarade représentant les sept péchés capitaux combattus par les trois vertus théologales et les quatre vertus cardinales. Un enfant, habillé en ange, descendit des remparts de la porte Saint-Denis, et chanta :

> Très-excellent roi et seigneur,
> Les manants de votre cité,
> Vous reçoivent en tout honneur,
> Et en très-grande humilité.

Le roi habita le palais des Tournelles, situé sur le terrain placé aujourd'hui entre le boulevard, la rue Saint-Gilles et la rue Saint-Antoine. — Cet hôtel, où mourut la reine Isabeau, fut bâti par Pierre d'Orgemont en 1390.

Sous ce règne, les Anglais vinrent s'emparer de Paris, et Charles VII eut besoin de la pucelle d'Orléans pour devenir maître de la situation.

Louis XI, sacré à Reims, fit son entrée dans la capitale par la porte Saint-Denis, le 31 août 1461. Après avoir reçu des mains de l'autorité qui l'attendait les clefs de la ville, le roi s'achemina vers l'église Saint-Lazare, devant laquelle il trouva cinq demoiselles à cheval, richement habillées, ayant pour devise les cinq lettres de l'alphabet qui forment le nom de Paris. Elles exécutèrent devant lui une pièce de circonstance.

Ce roi ne fut pas plus tôt sur le trône, qu'il assujettit les nobles et porta un coup violent à la féodalité. — Il disait un jour que « Paris est une tête trop grosse pour la France. » — Son chapeau était couvert d'images en plomb et d'étain qu'il baisait à tous propos, et en multipliant ses reliques et ses prières, il termina sa carrière en 1483, à l'âge de soixante ans.—Il inventa l'*angelus* et fut le premier roi de France qui prit le titre de : Très-chrétien.

L'établissement de la poste aux lettres remonte au règne de Louis XI; mais il faut ajouter que les deux cent trente courriers employés à ce service, ne portaient à l'origine que les dépêches de la cour,

C'est également sous Louis XI que quatre docteurs en Sorbonne attirèrent dans leurs établissements les imprimeurs Rembolt, de Strasbourg ; Friburger, de Colmar ; Géring, de Constance, et Martin Grantz, — Il sortit plusieurs ouvrages de leurs presses; mais ces livres furent regardés comme des productions diaboliques et condamnés par un arrêt du Parlement.

Charles VIII n'avait que treize ans lorsqu'il monta sur le trône, et son règne n'offre rien de remarquable pour Paris. — Il mourut au château d'Amboise, en 1498, des suites d'un coup qu'il reçut à la tête en passant avec précipitation par une porte basse.

Le père Olivier Maillard, cordelier, confesseur de Charles **VIII**, nous donne dans ses sermons écrits une idée des mœurs de l'époque. — Les Parisiennes de son temps avaient des robes dont les queues balayaient les rues, et le devant dissimulait bien peu la poitrine. A leur ceinture pendait un chapelet de jais, d'or ou de corail ; mais le prédicateur, dans un sermon de la seconde semaine de carême, les traite avec sévérité : « Vous dites que vous êtes vêtues suivant votre état ; à tous les diables votre état, Mesdemoiselles. »

L'usage des perruques remonte à cette époque ; elles étaient tissues avec des crins de cheval teints en couleurs. — Les deux sexes les portaient indifféremment.

Le premier usage que Louis **XII** fit de son autorité fut de diminuer les impôts ; aussi ses qualités éminentes lui acquirent le surnom de *Père du peuple*. Il n'épargna rien pour justifier ce titre glorieux ; il poussait l'économie jusqu'à la parcimonie et disait quelquefois : « J'aime mieux voir mes courtisans rire de mes épargnes que de voir pleurer mon peuple de mes dépenses. »

Sous son règne le pont Notre-Dame s'écroula et fut reconstruit en pierre. — Les deux aqueducs de Belleville et du pré Saint-Gervais, alimentaient seize fontaines publiques dans Paris et ses faubourgs.

Louis XII n'avait pas eu d'enfant, et il sentait que ce n'était pas dans François Ier qu'il trouverait un fils. « Ce gros gaz-là gâtera tout, » disait-il, et en effet, au roi roturier succéda le roi gentilhomme.

CHAPITRE VI.

PARIS SOUS LA TROISIÈME RACE.

BRANCHE DES VALOIS.

5 rois. — De 1515 à 1589.

François Ier fonda le collége de France et la bibliothèque de Fontainebleau. — Il attira à sa cour une foule de savants, d'artistes et de poëtes et fut appelé : *le Père des lettres*.

Le collége royal, créé par le roi lui-même, en 1529, sur la place Cambrai, avait douze chaires, quatre pour les langues, deux pour les mathématiques, deux pour la philosophie, deux pour l'éloquence et deux pour la médecine. Les professeurs, choisis parmi les premiers savants de l'époque, avaient un traitement annuel de 200 écus d'or et portaient le titre de lecteurs royaux.

Sous le règne de François Ier, le pape Léon X lança une bulle qui autorisait bien des choses moyennant une legère somme d'argent; aussi Luther, moine augustin, se révolta contre le souverain pontife, signala les abus du clergé et ne tarda pas à se faire de nombreux prosélytes.

L'Hôtel de ville, dont nous avons déjà parlé, fut rebâti sous François Ier, et Pierre de Vole, prévôt des marchands, en posa la première pierre ; mais il ne fut achevé que sous Henri IV, en 1605, par les soins de François Miron, prévôt des marchands; aussi on voit sur la porte d'entrée un bas-relief en bronze, représentant Henri IV à cheval. — L'Hôtel de ville est sans contredit un des plus jolis monuments de la capitale. C'est dans la grande salle, ou salle du trône, qui a environ 50 mètres de longueur, qu'ont lieu les bals et les réceptions officielles que donne la ville. — Les bureaux de la préfecture y sont établis depuis 1801.

Le château des Tuileries, ainsi nommé parce qu'on y fabriquait des tuiles, fut acheté par François Ier pour le donner à sa mère la duchesse d'Angoulême, qui ne se plaisait pas à l'hôtel des Tournelles, où habitait la cour. — Au commencement du règne de Louis XIV on voyait encore dans la cour des Tuileries les chantiers, fours et autres objets nécessaires à la fabrication des tuiles.

Le Louvre fut restauré et agrandi.

On doit au règne de François Ier l'établissement de la loterie dont nous usons largement, et la mode de porter les cheveux courts et la barbe longue. — Le roi ayant reçu une blessure au visage dans un combat, laissa croître sa barbe pour cacher la cicatrice et par compensation fit couper ses cheveux. Il n'en fallut pas davantage pour que la mode devînt générale. — Les chapitres et les parlements s'opposèrent à cette innovation ; mais la cour leur imposa silence et défendit aux évêques de porter la barbe contrairement à leur habitude. — D'après Brantôme « François Ier faisait l'amour bien galamment, dont, pour ce, institua sa belle cour, fréquentée de si belles princesses, grandes et damoiselles, dont ne fit faute. » Mais il n'eut pas toujours à se féliciter des grandes ou des damoiselles, puisque nous lui devons les vers suivants :

> Souvent femme varie
> Bien fol est qui s'y fie.

Henri II succéda à son père ; mais dominé par sa maîtresse Diane de Poitiers, femme intriguante, il fit peu progresser Paris. — Sous son règne le gouverneur militaire était un archevêque. Le Parlement exerçait la haute police. — Le prévôt de Paris exécutait avec ses archers les ordres du roi et du Parlement, et le prévôt des marchands veillait à la défense et au commerce de la ville.

La population industrieuse de la capitale était divisée en sept corps de métiers : *Les changeurs, les drapiers, les épiciers, les merciers, les pelletiers, les bonnetiers et les orfévres.* Chacun de ces sept corps formait une confrérie ayant un saint particulier pour patron, et jouissait du noble privilége de porter le dais lors des entrées des rois et reines. — La population totale de Paris était à cette époque, d'après le savant Dulaure, de 200 à 220,000 âmes. — Il paraît que le luxe tendait à confondre toutes les classes de la société, car le Roi rendit une ordonnance qui défendait aux filles qui servaient les reines de porter des robes de velours d'une couleur autre que rouge cramoisi; aux filles qui servaient les princes et princesses de se vêtir autrement que de velours noir ou tanné, et enfin aux gens d'église de porter de robes de velours à moins qu'ils n'eussent le titre de prince. — Ceux qui n'étaient ni gentilhommes, ni gens de guerre n'avaient pas le droit de mettre soie sur soie, ni d'avoir bonnet ou souliers de velours.

Henri II fut le premier qui porta des bas de soie aux noces de sa sœur en 1559. — C'est également ce prince qui ordonna que l'effigie du monarque et l'année de la fabrication fussent placées sur les pièces de monnaie en remplacement d'une croix qu'on y mettait auparavant.

On commença à cette époque de faire usage dans Paris d'une espèce de voiture très-grossière, sans glace, qu'on appelait *Coche*.

Tabac. — Le tabac n'a été connu dans l'ancien monde qu'en 1520. — Ce furent les Espagnols qui les premiers dérobèrent cette plante aux habitants de Tabasco, province de Yucatan. — Le docteur François Hernandez, de Tolède, l'envoya en Espagne et en Portugal.

Du royaume de Portugal, le tabac passa en France ; il y fut apporté par Jean Nicot, fils d'un notaire de Nîmes, que Henri II avait nommé ambassadeur auprès de Sébastien, roi de Portugal.

En présentant le tabac à la reine Catherine de Médicis, Nicot lui attribua des propriétés médicinales, et raconta la cure merveilleuse qu'il avait obtenue lui-même en appliquant des feuilles sur un ulcère malin qu'un de ses pages avait au nez.

Cette plante fut bientôt accréditée au point qu'il n'était plus question que de l'herbe à l'ambassadeur, comme on l'appela au début ;

mais les chimistes et les médecins discutè-
rent sa nature et ses propriétés, et « cette
importation, dit le père Labat, devint comme
une pomme de discorde qui alluma une guerre
très-vive entre les savants. » Dans ces
discussions, on prétendit d'un côté que le tabac
abrégeait la vie, et d'autre part, qu'il puri-
fiait l'air et était utile à la santé.

L'usage s'en répandit et devint d'autant
plus général que les persécutions s'en mêlè-
rent.

Le pape Urbain VIII lança une bulle en
1642, dont voici quelques passages :

« Nous avons appris depuis peu que la
mauvaise habitude de prendre par la bouche ou le nez l'herbe appelée vulgairement
tabac, s'est tellement répandue dans plusieurs
diocèses, que même les prêtres et les clercs,
autant les séculiers que les réguliers, ou-
bliant la bienséance qui convient à leur rang,
en prennent partout, et principalement dans
les églises de la ville et du diocèse d'Hispale
(Séville), et ce dont nous rougissons, en cé-
lébrant le très-saint sacrifice de la messe.

« Tout cela fait que, voulant dans notre sollicitude écarter des temples de Dieu un abus si scandaleux, de notre autorité apostolique, et par la teneur des présentes, nous interdisons et défendons à tous en général et à chacun en particulier, à tous les ordres religieux de prendre dans la suite sous les portiques et dans l'intérieur des églises, du tabac soit en le mâchant, en le fumant dans des pipes, ou en le prenant en poudre par le nez ; enfin de n'en user de quelque manière que ce soit. Si quelqu'un contrevient à ces dispositions, qu'il soit excommunié. »

Clément XI reconnut la nécessité de révoquer la bulle d'Urbain VIII, et le cardinal de Richelieu, qui comprit l'avantage que le gouvernement pouvait en tirer, établit sur les particuliers un droit de quarante sous par 100 livres de tabac vendu.

Colbert interdit les ventes particulières, et plaça le tabac entre les mains de l'État. — Le premier bail, qui date du mois de novembre 1674, fut fait à Jean Breton, moyennant 500,000 livres les deux premières années, et 700,000 pour les quatre dernières.

Sous Louis XIV, les femmes commencèrent à priser et

> Faisaient à leurs amants, trop faibles d'estomac,
> Redouter leurs baisers pleins d'ail et de tabac.

A la Révolution de 1789, le tabac rapportait quarante millions à l'État.

Un décret de la Convention abolit le monopole et permit à chacun de le cultiver et de le vendre en toute liberté; mais Napoléon Ier rétablit le monopole et institua la régie, qui rapporte aujourd'hui environ cent quatre-vingt-dix millions par an.

Après la mort de François Ier, qui avait favorisé les lettres, on vit les savants se multiplier et l'esprit humain se perfectionner. Rabelais traçait les mœurs des cours de François Ier et de Henri II, et redressait l'erreur par l'esprit. Michel Montaigne préparait ses *Essais*, qui furent appelés par le cardinal du Perron le *Bréviaire des honnétes gens*.

Les tribunaux de commerce furent créés, sous Charles IX, avec le titre de : *Juridictions consulaires*.

Catherine de Médicis, mère du roi, tenait les rênes du gouvernement, et ce fut à son instigation qu'à **2** heures du matin, le dimanche **24** août **1572**, jour de saint Barthélemy, le roi donna l'ordre d'égorger les protestants coupables de ne pas comprendre l'évangile dans le même sens que lui. **La** cloche de Saint-Germain l'Auxerrois communiqua cet ordre, qui fut exécuté avec un horrible empressement. — Néanmoins, Charles IX n'oublia jamais sa nourrice qui était calviniste.

Le palais des Tournelles ayant été démoli par Catherine de Médicis, la cour alla habiter l'hôtel de Soissons, situé à l'endroit où se trouve actuellement la halle aux farines.

Le duc d'Anjou, frère de Charles **IX**, monta sur le trône sous le nom de Henri **III**; mais son règne ne brilla que par les soins qu'il mettait à sa toilette. Il s'habillait en femme, se découvrait la gorge qu'il trouvait jolie et y portait un collier de perles. Il se fardait, et pendant la nuit il se couvrait les mains de gants et la figure d'un masque afin de conserver la blancheur de sa peau. — Un jour les écoliers de Paris, pour ridiculiser les grandes fraises que portait ce monarque, s'en mirent à leur cou de semblables en papier et se promenaient en criant : *A la fraise on connaît le veau;* mais ils ne tardèrent pas a être mis en prison.

Catherine de Médicis appelait de préférence les beautés à la cour; aussi Brantôme s'exprime en ces termes sur les femmes célestes dont la reine était entourée : *Toute beauté y abondait, toute majesté, toute gentillesse, toute bonne grâce, et je vous jure qu'elles étaient fort belles, agréables et bien accomplies pour mettre le feu partout le monde.*

Bien que les intérêts de la France fussent un peu oubliés, les environs du Louvre et du faubourg Saint-Germain se couvraient de constructions. — Henri III voulant remplacer le bac qui servait de communication entre ces deux quartiers, fit commencer le Pont-Neuf qui ne s'acheva que sous Henri IV.

« A la faveur des eaux, qui lors commencèrent d'être fort basses, fut, dit le journal *l'Estoile*, commencé le Pont-Neuf, de pierre de taille, qui conduit de Nesle à l'école Saint-Germain, sous l'ordonnance du Jeune du Cerceau, architecte du roi, et furent en ce même an, 1578, les quatre piles du canal de la Seine, fluctuant entre le quai des Augustins et l'île du Palais, levées environ une toise chacune par-dessus le rez-de-chaussée. — Les deniers furent pris sur le peuple ; la toise de l'ouvrage coûtait 85 livres. »

Sous ce règne, comme sous le précédent, les catholiques et les huguenots étaient continuellement en dispute, et les partis devinrent si ardents que la cour se rendit à Chartres.

Henri III, ayant perdu sa mère Catherine de Médicis, eut recours à ses ennemis et traita avec son beau-frère le prince de Béarn. Leur entrevue eut lieu à Plessis-lez-Tours. Après s'être embrassés, ils marchèrent sur Paris. Ils s'emparèrent de Saint-Cloud où le roi se logea, et c'est là qu'il fut assassiné par le moine Jacques Clément, qui lui plongea un grand couteau dans le ventre.

— Henri III n'ayant pas d'enfants, la branche des Vallois se trouvait éteinte, et le prince de Béarn monta sur le trône sous le nom de Henri IV.

Sous Henri III, comme presque toujours, le luxe de la table suivait la liberté des mœurs. « Les temps sont bien changés, dit un auteur contemporain, on ne se contente plus, à un dîner ordinaire, de trois services consistant en bouilli, rôti et fruits ; il faut d'une viande en avoir cinq ou six façons, des hachis, des pâtisseries, des salmigondis et autres excès, et quoique les vivres soient plus chers qu'ils ne fussent jamais, rien n'arrête ; il faut de la profusion, il faut de la délicatesse, il faut des ragoûts sophistiqués pour aiguiser l'appétit et irriter la nature. »

La fourchette parut pour la première fois sur nos tables, sous le règne de Henri III. Sa sœur aînée, la cuiller, qui passa de l'o-

rient en Italie, fut introduite en France au
XIVe siècle. Il va sans dire qu'elle fut
d'abord en bois, ensuite en fer, puis en étain,
et enfin en argent et en or.

Pierre Lescot bâtit le Louvre et Androuet
du Cerceau les Tuileries. Ces deux architectes reproduisirent avec succès le genre grec.
— Jean Goujon orna ces deux palais des
gracieuses productions de son ciseau qui
n'ont pas encore été surpassées.

En 1582, l'année réglée par Jules César
à 365 jours et 6 heures fut après dix ans de
calculs réduite par le pape Grégoire XIII, à
365 jours 5 heures 49 minutes, et le calen-
drier grégorien dont on se sert aujourd'hui
fut admis en France par un édit du roi.

Les représentations théâtrales prirent de
grandes proportions, malgré le clergé qui
disait : « Sur les théâtres chargés de croix
et ornements ecclésiastiques, l'on y représente des prêtres revêtus de surplis, même
aux farces impudiques pour faire mariages
et risées. L'on y lit le texte de l'évangile en
chants ecclésiastiques, pour, par occasion,

y rencontrer un mot à plaisir qui sert au jeu ; et au surplus il n'y a farce qui ne soit orde et vilaine, au scandale de la jeunesse qui y assiste. »

Un jour, Jean du Pontalais, auteur et acteur facétieux, battait le tambour près de l'église Saint-Eustache pour annoncer la pièce qui devait se jouer le soir. Le curé impatienté du bruit, descend de sa chaire et va sur la place dire au bateleur : *Qui vous a fait si hardi de jouer du tambour pendant que je prêche?* — Et vous, répond Pontalais, *qui vous a fait si hardi de prêcher tandis que je tambourine?* Le curé, furieux, crève le tambour à coups de couteau. Pontalais court après le curé, lui couvre la tête de son tambour effondré et le poursuit ainsi jusqu'au milieu de son auditoire. De là grand scandale ; mais le curé coiffé eut bientôt tout le clergé de son côté, et le théâtre de Pontalais fut fermé.

Le théâtre des Italiens, ainsi appelé parce que le roi fit venir d'Italie les comédiens qui y jouaient, fut commencé sous Charles IX et achevé sous Henri III. Il fut fait au Parlement des plaintes sur l'excessive cherté des places, parce qu'on payait quatre, cinq et jusqu'à six sous par personne.

———

CHAPITRE VII.

—

PARIS DE HENRI IV A LOUIS-PHILIPPE Ier.

(10 rois. — De 1589 à 1848.)

————

A la mort de Henri III, le camp proclama roi Henri IV ; mais comme il était protestant, la Ligue refusa de le reconnaître, et la Sorbonne rendit un décret dont voici la substance :

« La Sorbonne, après avoir entendu la messe du Saint-Esprit, déclare qu'il est défendu aux catholiques de recevoir un hérétique pour roi ; que si ce roi est absous et se fait catholique, il doit être exclu du trône, attendu qu'il peut y avoir feintise dans sa conversion ; que tout fauteur de ce roi est hérétique et doit être puni comme tel ; que tous les Français sont tenus en conscience de s'opposer à ce que Henri de Bourbon, hérétique, relaps et excommunié, ne parvienne à la couronne quand même il serait relevé des censures papales ; que comme les partisans dudit Henri sont déserteurs de la religion, en péché mortel, damnés commes opiniâtres et travaillant à établir le règne de Satan ; de même ses adversaires ont bien mérité de Dieu et des hommes, et s'ils meurent pour une si belle cause, ils sont assurés de la palme du martyre. »

Henri IV fut obligé d'assiéger Paris. — Son armée, qui couronnait les hauteurs de Gentilly, de Vaugirard et de Montrouge, était à peine de six mille hommes, et les Parisiens, excités par les catholiques, prêtèrent en grande partie le serment de mourir plutôt que de se rendre ; mais la disette se fit sentir dans la ville ; plusieurs habitants se glissent dans les fossés pendant la nuit et vont se jeter aux pieds d'Henri IV. Le Béarnais, attendri jusqu'aux larmes, permet qu'on laisse sortir de la ville les bouches inutiles et s'écrie avec sa bonhomie ordinaire : *J'aimerais ruieux n'avoir point de Paris que de l'avoir tout ruiné par la mort de tant de personnes.* »

Devant l'opposition si vivace de la Ligue, le roi avait à choisir entre une conversion ou une guerre éternelle. Son ministre, le sage Sulli, quoique bon calviniste, lui conseillait le premier parti. Les catholiques attachés à sa personne proposèrent une conférence à ceux de Paris; elle eut lieu à Suresnes. On y délibéra sur les moyens d'amener la paix, et une trève y fut conclue. — Le roi s'était retiré à Mantes durant ces pourparlers. « *Décidez-vous, Sire,* disaient les principaux officiers, *le canon de la messe est le meilleur pour réduire les rebelles.* » — On choisit Saint-Denis pour le théâtre de sa conversion, et le roi, accompagné des princes et des grands officiers de la couronne, alla à l'église prononcer la formule de son abjuration entre les mains du cardinal de Bourbon, de l'archevêque de Bourges et de plusieurs autres prélats.

Cette abjuration augmenta le parti royal aux dépens des ligueurs; mais elle ne livra point Paris à Henri IV. Les ecclésiastiques continuèrent leurs prédications furibondes dans toutes les églises de la capitale.

Pour en finir, le roi acheta de Louis de l'Hôpital, seigneur de Vitry, la place de Meaux moyennant 20,000 écus, et l'emploi du bailli de cette ville.—Le sieur de Villars lui vendit Rouen, le Havre et autres places de la Normandie pour 3,477,800 livres. — M. de la Châtre lui vendit Bourges et Orléans pour 898,900 livres. — Le sieur de Villeroy lui vendit Pontoise pour 476,594 livres. — Enfin le duc de Brissac, récemment nommé gouverneur de Paris, lui vendit cette capitale pour un 1,695,400 livres. La preuve de tous ces marchés est lisible dans les *Économies royales* du duc de Sulli, tome IV, pages 379 et 380, à la Bibliothèque impériale.

En dépensant trente-deux millions, Henri IV

se rendit donc maître des principales places fortes, et il fit son entrée dans la capitale le 22 mars 1594. Il entra par la porte Neuve, au milieu de ses gardes et d'une nombreuse cavalerie, se rendit au Louvre, et de là à l'église Notre-Dame, où il fut reçu au son de toutes les cloches par le chapitre en l'absence de l'évêque. Il y entendit une messe, un *Te Deum,* puis il rentra au Louvre.

A son arrivée, l'enceinte de Paris était à peu près la même que sous Charles VI. On entrait dans la ville par quinze portes fortifiées de tours et munies de ponts en pierre et de ponts levis, C'était au nord, la porte Neuve et celle de Saint-Honoré, de Montmartre, de Saint-Denis, de Saint-Martin, du Temple et de Saint-Antoine. Au midi, celles de la Tournelle, de Saint-Victor, de Saint-Marcel, de Saint-Jacques, de Saint-Michel, de Saint-Germain, de Bucy et de Nesle. — On y ajouta vers la fin de ce règne, la porte Dauphine.

Six ponts étaient jetés sur la Seine. C'était : le pont Notre-Dame, le Petit-Pont, le Pont-au-Change, le pont Saint-Michel, le pont Marchand et le Pont-Neuf, tous bordés de maisons.

La ville n'avait d'autres promenades plantées d'arbres que le Pré-aux-Clercs, où du reste ils étaient fort rares, ni d'autres places publiques que la place royale et la petite place Dauphine. — Le château des Tuileries et la galerie du Louvre restaient encore très-imparfaits. On ne pouvait pénétrer en voiture dans la plupart des rues que l'auteur des cris et des rues de Paris compte de la manière suivante :

> Dedans la cité de Paris,
> Il y a des rues trente-six,
> Et au quartier de Hulepoix (l'Université)
> En y a quatre-vingt et trois;
> Et, au quartier de Saint-Denis,
> Trois cents, il n'en faut que six,
> Comptez-les bien à votre aise,
> Quatre cents y a et treize.

A peine entré dans sa capitale, le roi de France, malgré l'opposition violente du clergé

et de quelques ligueurs, ne songea qu'à remédier sur-le-champ au pitoyable état des
administrations publiques. Son fidèle Sulli le
seconda merveilleusement.

Henri IV, né avec une grande âme et un
jugement solide, instruit à l'école de l'adver-
sité, fut plein d'affection pour son peuple, et
si ses sujets n'eurent pas tous *la poule au
pot*, comme il le désirait, on ne doit pas en
accuser son cœur. — Toutefois, les grandes
vertus n'existent qu'accompagnées de quelques mélanges de vice, et le Béarnais avait
un penchant irrésistible qui l'entraînait vers
la galanterie. Il ne fut pas toujours heureux
dans ses pérégrinations amoureuses. La
comtesse de Rocheguyon, marquise de Guer-
cheville, eut le courage de résister à ses
prières. *Sire, dit-elle, je suis trop pauvre
pour être votre femme et de trop bonne maison
pour être votre maîtresse.* — Ce prince ne
laissa point d'enfants de Marguerite de Valois,
dont il fut séparé par autorité de l'Église en
1599. Il en eut six de Marie de Médicis qu'il
épousa en 1600.

Neuf mois environ après son arrivée dans la capitale, Henri IV, revenant vainqueur de Picardie, entra tout botté dans l'appartement de Gabrielle d'Estrée, dont l'hôtel couvrait l'emplacement qu'occupe aujourd'hui l'oratoire des protestants, près du Louvre. Jean Chastel, fils d'un bourgeois de Paris, élève des Jésuites, lui porta un grand coup de couteau. Heureusement que le mouvement du roi fit qu'il ne fut atteint qu'à la mâchoire supérieure, et en fut quitte pour une lèvre fendue et une dent cassée. L'assassin, interrogé sur-le-champ, avoua son crime, et dit que se sentant coupable de grands péchés, il a voulu éviter l'enfer par cette action ; qu'il la croit juste et méritoire, parce que le roi n'est pas réconcilié avec l'Église et doit être réputé tyran. — Jean Chastel fut conduit en place de Grève et démembré par quatre chevaux ; ses membres furent brûlés et ses cendres jetées au vent.

Pour enlever tout prétexte au fanatisme, Henri IV pensa sérieusement à obtenir l'absolution du souverain pontife, et favorisé par le père Tolet, Espagnol et jésuite, il obtint sa demande aux conditions suivantes : il s'obligeait, à moins d'empêchement légitime, à dire le chapelet tous les jours, les litanies le mercredi, le rosaire le samedi ; à entendre tous les jours la messe, à se confesser, à communier en public au moins quatre fois l'an, et à bâtir un couvent dans chaque province. — Henri consentit à tout.

Toutefois, il n'oublia pas les protestants. En 1598, il fixa leur sort par son édit de Nantes et leur accorda liberté entière de conscience, l'exercice public de leur religion et la faculté de posséder toutes sortes d'emplois. — Il répondit aux récriminations du clergé en disant : *Je ressemble au berger qui veut ramener ses brebis en la bergerie avec douceur. — Il ne faut plus faire de distinction de catholiques et de huguenots ; il faut que tous soient bons Français.*

Les Jésuites obtinrent de rentrer en France, et les luttes religieuses recommencèrent avec fureur. Henri IV comprit bien dans la suite que sa tête était la plus exposée. —

Dans les dernières années de sa vie, il n'y avait pas de mois qu'on ne fît courir quelques prédictions de sa mort. *Ils diront vrai à la fin, disait-il un jour à Bassompierre, et on aura plus d'attention à une seule fois qu'ils auront rencontré la vérité qu'à tant d'autres occasions où ils se seront trompés.* Peu de temps après cette communication, le vendredi 14 mai 1610, à 4 heures du soir, son carrosse s'étant trouvé arrêté dans la rue de la Ferronnerie par un embarras de voitures, ses gens de pied quittèrent la rue et passèrent par une galerie du charnier des Innocents. Le roi parlait au duc d'Épernon, lorsqu'un homme s'élève sur les roues de la voiture et lui lança, droit au cœur, un coup de couteau qui lui arracha ces paroles, les dernières qu'il ait prononcées : *Je suis blessé.* — Cet assassin était Ravaillac, natif d'Angoulème.

Henri IV mourut à l'âge de cinquante-sept ans, après avoir régné vingt ans.

Sous ce règne, les hommes portaient la barbe longue et bien cirée. — Les deux sexes se servaient également de corsets. On commençait à répandre de la poudre blanche sur les cheveux, et la grande mode était de porter au cou des montres d'une grosseur extraordinaire appelées : *montres-horloges.* — On vit à Paris pour la première fois, en 1609, des lunettes d'approche et des grandes glaces à l'instar de celles de Venise.

Le grand Sulli avait donné aux esprits l'impulsion du progrès, et de Thou produisait sa belle *Histoire universelle.*

Cinq fondations purement religieuses signalèrent cette époque, ce sont :

1° *Les Carmélites*, rue de Vaugirard, dans l'ancien monastère de Notre-Dame des Champs. — Catherine d'Orléans, de Longueville, chargea le cardinal de Bérulle de lui faire venir d'Espagne six religieuses. Elles furent installées en 1605, le jour de la Saint-Barthélemy, et au nombre des obligations primitives de l'ordre, on cite celle de n'avoir toute sa vie d'autre lit que la bière dans laquelle elles devaient être ensevelies.

— La duchesse de la Vallière se retira plus tard dans cet établissement, lorsque son royal amant, Louis XIV, lui préféra Mme de Montespan; elle prit le voile sous le nom de sœur Louise de la Miséricorde et y vécut trente-six ans.

2° *Les Capucines.* — Cet établissement fut fondé rue Saint-Honoré, par Marie de Luxembourg, belle-sœur de Louise de Lorraine, épouse de Henri III. — Les religieuses qui l'habitaient portaient le titre de Filles de la Passion, et figuraient aux processions publiques une couronne d'épines sur la tête. A la Révolution de 1789, ce monastère fut envahi pour la fabrication du papier-monnaie. Il en sortit environ quarante-quatre milliards d'assignats; mais il fut démoli en 1806 pour percer la large rue de la Paix, qui conduit du boulevard des Capucines à la colonne Vendôme.

3° *Les Petits-Augustins*, rue du même nom, faubourg Saint-Germain. — Marguerite de Valois, après la dissolution de son mariage avec Henri IV, créa cet établissement et y plaça d'abord vingt Augustins déchaussés qu'elle remplaça plus tard par vingt Augustins chaussés. Ces frères devaient chanter nuit et jour sans discontinuer, de deux en deux, en se relevant d'heure en heure, des hymnes et des cantiques dont l'ex-reine faisait composer la musique.

4° *Les Frères de la charité*, établis rue des Saints-Pères.

5° *Les Récollets* (recueillis), dont le couvent fut fondé entre la rue de ce nom et celle du faubourg Saint-Germain, par Marie de Médicis. — C'est aujourd'hui l'hospice des Incurables.

Sous Henri IV, le Louvre et les Tuileries reçurent des agrandissements. La galerie qui joint le Louvre aux Tuileries avait été prolongée sous Charles IX. Henri IV chargea Androuet du Cerceau de la continuer jusqu'au pavillon de Flore. — La façade des Tuileries se composait, sous Charles IX, du gros pavillon du centre, de deux corps de logis et de deux pavillons latéraux. On y ajouta sur chacun des côtés un nouveau bâtiment et un nouveau pavillon. — La façade qui regarde le jardin fut portée de 258 à 504 mètres de longueur.

Le Pont-Neuf fut achevé sous la direction de l'architecte Charles Marchand.

Un Flamand, nommé Jean Linthaër, entreprit d'élever par le jeu d'une pompe les eaux de la Seine dans un réservoir qui les distribuait au Louvre et aux Tuileries. Cette pompe, située au-dessous de la seconde arche du Pont-Neuf, du côté du nord, était supportée par des pilotis. On voyait sur sa façade un groupe de figures en bronze doré représentant Jésus-Christ et la Samaritaine auprès du puits de Jacob, un cadran, une horloge et un carillon jouant de fort beaux airs. Cette machine hydraulique, qui s'appelait *la Samaritaine*, était sujette à de fréquentes réparations, et elle fut démolie en 1813.—Il existe actuellement sur cet emplacement un vaste établissement de bains qui, en souvenir du passé porte aussi le nom de *Samaritaine*.

A la mort d'Henri IV, la reine Marie de

Médicis fut déclarée régente, et gouverna ainsi pendant sept ans sous l'inspiration de l'Italien Concini. Ce favori, pour en imposer au peuple soulevé contre lui, fit dresser dans tous les quartiers de la capitale des gibets menaçants; mais Louis XIII le fit assassiner. On le pendit par les pieds à l'une des potences qu'il avait fait dresser pour les autres, et ses restes sanglants furent brûlés sur le Pont-Neuf, devant la statue de Henri IV. Le lendemain on vendait ses cendres un quart d'écu l'once. — Le roi fit consigner en même temps la reine dans son appartement, après quoi il l'envoya en exil à Blois.

Depuis l'établissement de la religion chrétienne dans la Gaule, Sens avait été le siége constant de l'archevêque de Paris; mais l'évêque de Paris et l'archevêque de Sens étant morts presque en même temps en 1622, on profita de cette circonstance pour obtenir du pape une bulle qui nomma Jean-François de Gondy archevêque de Paris, et réduisit Sens à la dignité de simple évêché. Cette mesure était impérieusement réclamée par l'agrandissement de la capitale du royaume qui était le séjour des monarques.

C'est ici le moment de faire paraître sur la scène le fameux Armand Duplessis de Richelieu, évêque de Luçon, qui ayant su obtenir la confiance de la reine Marie de Médicis, fut créé cardinal. « Madame, lui dit-il en recevant le chapeau, cette pourpre dont je suis redevable à Votre Majesté me fera souvenir du vœu que j'ai fait de répandre mon sang pour son service. » La journée des Dupes, si connue dans l'histoire de France, prouve qu'il ne tint pas toujours parole. — Richelieu fut quelquefois injuste, cruel, ingrat et un peu trop débauché, mais il fut l'homme de son siècle et fit beaucoup de bien. — Il établit l'imprimerie royale et fonda l'Académie française. Ce corps illustre de quarante immortels dut nécessairement avoir une origine modeste. Parmi les académiciens les plus distingués, on cite les noms de Godeau, Chapelain, Giri, Gombeau, Lévêque de Grâce, Maleville et Conrart. L'Académie commença par tenir ses séances chez un de ses membres. Après la mort de Richelieu, le chancelier Séguier, qui hérita de l'honneur de favoriser ce corps, lui donna asile dans son hôtel. Louis XIV le reçut dans son propre palais, et plus tard l'État lui accorda un monument spécial.

L'imprimerie royale eut une origine brillante, qui présagea sa splendeur future. Elle eut d'abord ses ateliers au Louvre. Sublet en était le surintendant, Trichet-Dufresne le correcteur, et Cramoisi l'imprimeur; on la transféra ensuite à l'hôtel de Toulouse, et en 1809, à l'hôtel de Soubise, dans la rue Vieille-du-Temple, où elle est encore.

Le Palais-Royal doit également son existence à Richelieu. Il fut commencé en 1626 sur les plans de l'architecte Mercier, et terminé en 1636. On y construisit, par les ordres du cardinal, deux salles de spectacle. Ce palais portait d'abord le nom de Palais-Cardinal, en l'honneur de celui qui en avait jeté les fondements. — C'est à propos de

cette première inscription qu'un poëte sati-
rique fit les vers suivants :

> Frontispice orgueilleux, sous ta vaste corniche,
> Tu portes en écrit un nom qui te sied mal,
> On te devrait nommer l'hôtel du mauvais riche
> Avec plus de raison que Palais-Cardinal.

Richelieu mourut à Paris le 4 décembre 1642, à l'âge de cinquante-huit ans. — Son confesseur lui ayant demandé s'il pardonnait à ses ennemis, il répondit : « Je n'en ai jamais eu d'autres que ceux de l'État. » Il choisit pour son tombeau l'église de la Sorbonne qu'il avait fait rebâtir avec une magnificence vraiment royale. — Ce ministre avait eu tant d'empire sur le roi Louis XIII qu'il lui valut après sa mort l'épitaphe suivante :

> Ci-gît le bon roi notre maître,
> Louis treizième de ce nom,
> Qui fut vingt ans valet d'un prêtre
> Et pourtant acquit grand renom :
> Oui, chez autrui; mais chez lui non.

Louis XIII était faible, timide, ignorant, et son incapacité lui faisait jouer à la cour un rôle secondaire. Il ne fut roi que pour la forme. Il paraît que la seule idée de l'impureté le faisait frémir ; l'exemple que nous allons rapporter suffirait pour l'établir. Mlle d'Hautefort n'aimait pas Richelieu qui lui rendait bien sa haine. Une légère brouillerie étant un jour survenue entre le roi et cette favorite, il la menaça du cardinal Richelieu comme d'un homme plus redoutable et plus puissant que lui-même. Alors il écrivit une lettre remplie de griefs de Mlle d'Hautefort, et quand elle fut finie et pliée, il lui dit en la lui montrant : *Voilà votre scène que je fais à Monseigneur le cardinal.* A l'instant la favorite la lui arracha des mains et voulut s'échapper ; le roi la retint pour la lui enlever ; elle résista, la mit dans son mouchoir de cou et lui dit en ouvrant ses bras : *Prenez-là, maintenant,* car elle le connaissait trop pour croire qu'il voulût toucher en ce lieu-là. Elle ne se trompa point, car il retira ses mains comme du feu. Rencontrant le duc d'Angoulême, il lui conta tout en colère ce qui venait de lui arriver ; sur quoi le duc lui donna le conseil qu'il aurait pris pour lui, en disant qu'il avait tort de n'avoir pas mis la main dans son sein pour reprendre la lettre ; mais il n'était pas capable de mettre en·pratique une pareille instruction.

Le Roi était d'une vertu conjugale exemplaire avec la reine Anne d'Autriche, qu'il ne voyait presque jamais, et nous renonçons à parler du Masque de fer et à expliquer comment l'enfant royal, qui s'appela plus tard Louis XIV, vint au monde avec le surnom de Dieudonné. — Contentons-nous de rappeler qu'il naquit avec deux dents, et cette circonstance physiologique, qui émerveilla le peuple, ne manqua pas d'éveiller l'attention des chroniqueurs malins.— Anne d'Autriche, pour rendre grâce à Dieu de l'héritier qu'il lui donnait, fit élever l'hôpital du Val-de-Grâce, dans la rue du faubourg Saint-Jacques.

A cette époque, de grands abus régnaient dans les fonctions publiques. Les mœurs laissaient beaucoup à désirer, et les seigneurs eux-mêmes donnaient l'exemple des meurtres

et du libertinage. Les voleurs étaient nombreux, et si nous nous en rapportons aux
vers burlesques d'un auteur contemporain,
il paraît que le théâtre ordinaire des exploits
de ces escrocs était le Pont-Neuf :

> Sois-je pendu dix fois sans corde,
> Si jamais plus je vais chez vous,
> Maîtresse ville des filoux,
> Et si je me mets plus en peine
> D'aller voir la Samaritaine,
> Le Pont-Neuf et ce grand cheval
> De bronze qui ne fait nul mal,
> Toujours bien net sans qu'on l'étrille.
>
> . . . .
>
> Vous, rendez-vous des charlatans,
> Des filoux, des passe-volans,
> Pont-Neuf, ordinaire théâtre
> Des vendeurs d'onguent et d'emplâtre,
> Séjour des arracheurs de dents,
> Des fripiers, libraires, pédants,
> Des chanteurs de chansons nouvelles,
> D'entremetteurs de demoiselles,
> De coupe-bourses, d'argotiers,
> De maîtres de sales métiers.

Louis XIII mourut le 14 mai 1643, à l'âge
de quarante-deux ans. — C'est sous son règne
que se produisirent les vêtements de femme
appelés basquines, qui consistaient à enfler

les jupes au moyen de larges cerceaux. L'idée mère de cette création fut, dit-on, de sauver les apparences de quelque rotondité suspecte. A cette mode succédèrent les paniers qui disparurent à leur tour pour faire place de nos jours à la crinoline ; tant il est vrai que les temps se suivent et se ressemblent, et qu'on peut presque deviner l'avenir en étudiant le passé.

Le premier journal périodique parut sous Louis XIII et s'appela *la Gazette*. — Saint-Foix, dans son histoire, dit que Théophraste Renaudot, médecin à Paris, ramassait de tous côtés des nouvelles pour amuser ses malades. Il se vit bientôt plus à la mode qu'aucun de ses confrères ; aussi il réfléchit qu'il pourrait se faire un revenu plus considérable en donnant chaque semaine au public des feuilles volantes qui contiendraient les nouvelles de divers pays. Il fallait une permission, et il l'obtint avec privilége en 1632. — Il y avait quelque temps qu'on avait imaginé de pareilles feuilles à Venise, et on les avait appelées Gazettes parce qu'on payait pour les lire une *gazetta*, petite pièce de monnaie. Voilà l'origine de notre *Gazette* et de son nom.

Le palais du Luxembourg fut construit par Marie de Médicis en 1616, sur les plans de Jacques Debrosses, qui avait pris pour modèle celui du duc de Toscane à Florence. Il est, après celui du Louvre et des Tuileries, le plus vaste de Paris. — Ce palais a servi de prison dans les temps de deuil ; il fut habité par le Directoire, ensuite par le Sénat, puis par les Pairs, et aujourd'hui c'est le lieu où se tiennent les séances du Sénat.

L'institution des séminaires date du règne de Louis XIII. — Trois furent fondés sous ce prince : le séminaire Saint-Nicolas du Chardonnet, près de l'église de ce nom ; le séminaire des Trente-Trois, rue de la Montagne-Sainte-Geneviève, et celui des Oratoriens, rue Saint-Jacques.

L'hôpital des Incurables, l'église Saint-Roch et le collége des Jésuites ou de Clermont furent édifiés. — On reconstruisit l'aqueduc d'Arcueil, qui fonctionne depuis cette époque.

Le Jardin des Plantes, sur l'avis de Jean de la Brosse, médecin du roi, fut créé pour cultiver les plantes médicinales étrangères ; mais Louis XIV l'ayant placé plus tard, en 1718, entre les mains du célèbre Buffon, ce jardin fut amené au degré de splendeur et d'utilité où nous le voyons aujourd'hui.

Les Augustins déchaussés ou Petits-Pères, s'établirent à l'angle du passage des Petits-Pères, et Louis XIII posa la première pierre de leur église, qu'il nomma Notre-Dame des Victoires, en l'honneur de ses triomphes sur les protestants. Cette église ne servit que de sacristie à l'église actuelle qui fut élevée en 1740. — Un des petits-pères, appelé frère Fiacre, était si aimé pendant sa vie et fut si révéré après sa mort, que son portrait était collé sur toutes les voitures de place. De là le nom de fiacre.

A la mort de Louis XIII, Louis XIV n'avait que cinq ans. Anne d'Autriche fut déclarée régente et s'empressa de combler de faveurs le cardinal Mazarin, son favori, ce qui la rendit très-impopulaire et lui suscita beaucoup de désagréments. — En 1651, le roi fut déclaré majeur et commença à régner avec le despotisme qui faisait le fond de son caractère. Mazarin avait recommandé aux instituteurs de ce prince qu'on lui parlât beaucoup de sa puissance. Aussi, après la mort du cardinal, un magistrat étant venu un jour à parler à Louis XIV de l'État ; *l'État*, répondit Louis, qui ne connaissait que lui, *l'État, c'est moi.* Il se fut sans nul doute affranchi du joug de son ministre si la mort du cardinal, arrivée en 1661, n'avait prévenu cette mesure. — Il ne put pardonner au surintendant Fouquet les déprédations qu'il avait laissé tranquillement commettre au ministre Mazarin, et le fit condamner à la prison perpétuelle.

Le roi opéra dans l'administration de la justice une révolution heureuse. On comptait, au commencement de son règne, jusqu'à trente justices ou juridictions : huit royales, six particulières et seize féodales ecclésiastiques. Cette multiplicité, cet entre-croisement de pouvoirs juridiques ouvrait une vaste carrière à l'impunité. — Par un édit du mois de février 1674, Louis réunit au Châtelet toutes les justices féodales de Paris et des environs. Les seigneurs ecclésiastiques firent des réclamations pour maintenir leurs droits, mais on ferma l'oreille.

Les joutes, les tournois, les carrousels avaient été abolis en France depuis la mort tragique de Henri II. — L'amour les avait inspirés ; l'amour les fit revivre. Louis XIV, pour plaire à la duchesse de la Vallière, fit ouvrir un carrousel vis-à-vis le château des Tuileries, sur la place qui a conservé le nom de ce jeu chevaleresque. Cinq quadrilles furent formés ; le roi commandait les Romains. — Le vice resplendissait à cette époque et les mœurs étaient dissolues. Louis XIV voulant donner un bal à la jeune princesse de Savoie, déclare que les femmes de la Cour y seront seules admises avec des billets et que celles de Paris n'y seront pas reçues. « Il ne voulait, disait-il, à ce bal, que des honnêtes femmes » : « Sur ce pied-là, répond le prince de Conti, le roi pourra donner son bal sur un guéridon. »

Les lumières ouvraient les yeux de l'autorité sur les nombreux abus qui régnaient
alors, et l'État florissait sous le génie de
Colbert. Quand ce grand homme mourut, en 1683, Louis XIV perdit en lui le
principal soutien des finances, du commerce,
de l'industrie, des arts, des sciences et de la
morale publique. Il semble qu'il ait emporté
dans la tombe toute la gloire de la nation et
le bonheur du roi, car après sa mort la
grandeur de Louis XIV commença à décroître.
Il épousa en secret la veuve de Scarron ; il
prononça la révocation de l'édit de Nantes, et
se mit à persécuter les protestants sur les
instigations sans doute de son confesseur, le
père Lachaise d'abord, et le père le Tellier
ensuite.

Louis XIV mourut après un règne de soixante-
treize ans qu'on peut diviser en trois époques
mémorables : celle où, assujetti à la tutelle
de Mazarin, ce prince fut presque nul pour
l'administration des affaires ; celle où il régna
par lui-même, bien secondé par Colbert, où
il acquit une gloire immortelle, et enfin celle

où, perdant son grand ministre, il arriva de malheur en malheur à la tombe.—Toutefois, à son lit de mort, il montra assez de noblesse de caractère pour soutenir le surnom de Grand que la postérité lui a confirmé.

Ce qui a jeté sur la carrière de Louis XIV une splendeur sans tache, ce fut la gloire à laquelle parvinrent la littérature et les beaux-arts. — Corneille et Racine créaient pour ainsi dire la tragédie ; Boileau, dans ses épîtres et son *Art poétique*, dépassa Horace ; Molière laissa bien loin derrière lui tous les comiques connus. Le bon la Fontaine éclipsa Ésope ; Bossuet, Fléchier, Massillon, immortalisèrent les héros dans leurs oraisons funèbres. Fénelon, le second dans l'éloquence et le premier dans l'art de rendre la vertu aimable, inspira dans son *Télémaque* la justice et l'humanité. — Pendant que notre littérature s'enrichissait de tant de beaux ouvrages, le Poussin et Lebrun faisaient leurs tableaux et Puget ses statues. Enfin, Descartes et Pascal s'avançaient à grands pas dans l'empire des sciences, et préparaient cette

révolution que le siècle suivant a con-
sommée.

C'est à cette époque que l'on sentit la nécessité de tenir des registres de l'état de la
population de Paris. D'après les calculs qui
ont été faits, cette capitale comptait à la fin
du règne du grand roi, 500,000 habitants.
L'accroissement de la population nécessita
l'extension de l'enceinte. On construisit plusieurs quais, on élargit les rues, et ces travaux rendirent la ville plus belle et plus
salubre.

L'église de la Madeleine fut commencée et
le collége des jésuites, ou collége de Clermont, qui avait été édifié sous Louis XIII,
prit le nom de collége Louis le Grand. Voici
à quelle occasion : Louis XIV avait été invité
par les jésuites à venir voir une tragédie que
leurs élèves devaient représenter. Le roi
accéda à leur demande, et comme un seigneur lui parlait du succès de la représen-
tation : *Faut-il s'en étonner, lui répondit le
roi, c'est mon collége.* Le recteur, qui entendit ces paroles, le prit au mot et fit enlever

l'ancienne inscription : *Collége de Clermont de la Société de Jésus*, et fit écrire à la même place : *Collége de Louis le Grand.*

Ce changement n'obtint pas l'agrément de tous les élèves, car l'un d'eux fit immédiatement le distique suivant :

> La croix fait place au lis et Jésus-Christ au roi.
> Louis, ô race impie ! est le seul Dieu chez toi.

Les jésuites chassèrent cet élève et le firent enfermer à la Bastille.

L'église de Saint-Sulpice fut commencée en 1655, sur les dessins de Louis Leveau, et continuée par Daniel Guittard jusqu'en 1678, où les travaux furent suspendus. Ils furent repris en 1718, sous l'habile direction de l'Italien Servandoni, qui a donné son nom à la rue avoisinant ce monument. Au milieu de cette église a été tracé sur le pavé, par Henri de Sulli, une méridienne au vrai nord ; les rayons du soleil passent par l'ouverture d'une plaque de laiton appliquée à une des croisées et forment sur le pavé une image lumineuse. L'heure du vrai midi est lorsque cette image est partagée en deux parties égales par la ligne méridienne. A son extrémité est un grand obélisque de marbre blanc surmonté d'un globe doré sur lequel cette ligne se prolonge verticalement. Les bénitiers qui se trouvent en entrant par le grand portail sont deux coquilles dont la république de Venise fit présent à Francois Ier.

L'hôpital de la Salpêtrière, ainsi nommé à cause de la préparation des salpêtres qui s'y faisait autrefois, fut fondé en 1656, pour les pauvres. Presque toutes les jeunes filles y sont occupées à faire de la dentelle, de la tapisserie et autres ouvrages.

L'hospice des Enfants-Trouvés, rue d'Enfer, fut une bonne œuvre pour recueillir les petits enfants abandonnés par leurs mères sur le pavé de Paris.

Hôtel des Invalides.—Charlemagne accorda des priviléges aux vétérans de son armée. Philippe-Auguste les plaça comme oblats dans les abbayes.—Henri III conçut la pensée de les réunir dans un commun hospice, et Henri IV l'exécuta en fondant, en 1595, au faubourg Saint-Marcel, la maison royale de la Charité chrétienne. Louis XIII les transporta au château de Bicêtre, et Louis XIV leur fit élever le magnifique hôtel des Invalides sous la direction de l'architecte Libéral Bracont. La magnificence de Louis XIV se déploya dans ce monument regardé comme un des chefs-d'œuvre de l'école française. La façade principale du bâtiment se développe sur une étendue de 306 mètres. Son élévation est de trois étages au-dessus du rez-de-chaussée, et présente trois avant-corps. Celui du milieu, où se trouve la porte principale, a un bas-relief représentant la statue équestre de Louis XIV accompagnée de la Justice et de la Prudence. Le dôme, recouvert en plomb, est orné de douze grandes côtes dorées. Jules Hardouin-Mansard en fut l'architecte.

Le Louvre et les Tuileries reçurent des embellissements considérables.

Le collége Mazarin ou des Quatre-Nations, construit sur l'emplacement qu'occupait l'hôtel et la tour de Nesle, fut fondé, en 1661,

par le cardinal dont il porte le nom. Cet édifice
fut créé pour soixante élèves, gentilshommes
ou bourgeois, qui seraient nés à Pignerol, en
Savoie, et dans les provinces d'Alsace, de
Hainaut et de Luxembourg, récemment réu-
nies à la couronne. Cette disposition du fondateur valut le nom vulgaire de collége des
Quatre-Nations. — En 1806, le collége
Mazarin devint le palais de l'Institut. L'église,
surmontée d'un dôme, fut transformée en une
vaste salle pour les séances publiques. Deux
fontaines à vasques furent établies devant la
façade principale ; quatre lions en fer fondu
décorent ces deux fontaines et lancent un filet
d'eau. Ils sont peints en vert à l'antique ;
aussi, lorsqu'ils furent placés, on fit cette
épigramme :

> Superbe habitant du désert,
> En ce lieu, dis-moi, que fais-tu ?
> — Tu le vois à mon habit vert :
> Je suis membre de l'Institut,
> Et la preuve, mon cher confrère,
> C'est que je fais de l'eau claire.

Mazarin en mourant légua sa bibliothèque

à ce collége.—Elle devint publique en 1688, et l'a toujours été depuis.

L'Observatoire, situé au haut du faubourg Saint-Jacques, fut construit en 1664 par ordre de Colbert, sous la direction de Claude Perrault. Sa forme est rectangulaire, et ses quatre faces regardent exactement les quatre points cardinaux. On n'a employé dans sa construction ni bois ni fer ; il est voûté partout.—La ligne de la façade méridionale de l'Observatoire se confond avec celle de la latitude de Paris. La ligne méridienne, tracée dans la grande salle du deuxième étage, divise cet édifice en deux parties égales et s'étend de Dunkerque à Collioure. Ces deux lignes ont servi de base aux triangles d'après lesquels on a levé la carte de Cassini, de Beleyme, et la nouvelle de l'état-major.

La porte Saint-Denis, — la porte Saint-Martin, — l'Académie des inscriptions et belles lettres, — l'Académie des sciences, — l'Académie de peinture et l'Académie royale de musique remontent à cette époque.

C'est aussi sous le ministère du grand Colbert que fut fondée *la manufacture des Gobelins*. Cet établissement doit sa création à Gilles Gobelin, qui vint en 1450 se fixer sur les bords de la Bièvre pour y exercer l'art de la teinture des laines ; mais Jean Glucq y apporta tant d'améliorations sous Louis XIV que Colbert acheta les terrains possédés par la famille Gobelin et y fonda, en 1647, la manufacture royale des meubles de la couronne. La direction en fut donnée au célèbre peintre Lebrun. — Aujourd'hui, par des procédés ingénieux, on est parvenu à reproduire avec quelque vérité la correction du dessin des Gobelins, et même un peu la chaleur de son coloris. Parmi les principales fabriques de tapis secondaires, on cite celles d'Aubusson, dont M. Sallandrouze de la Mornaie a établi un dépôt à Paris, boulevard Poissonnière, numéro 22 ; mais si en sortant des Gobelins on va apprécier les produits de la Creuse, on ne peut s'empêcher de reconnaître que l'art vrai sera toujours supérieur à l'art industriel.

La manufacture des glaces doit sa fondation au grand ministre de Louis XIV. Cet établissement commença par fabriquer des glaces soufflées dont les plus grandes ne pouvaient dépasser un mètre environ; mais en 1688, un gentilhomme nommé Lucas de Nehou, inventa la manière de les couler. C'est à Saint-Gobin, département de l'Aisne, que se coulent les plus belles glaces de France. Elles sont ensuite transportées à Paris au dépôt central, rue Saint-Denis, numéro 313. — Parmi les principales fabriques secondaires on cite celle de Montluçon.

Le café, en France, remonte à 1669, et nous devons le premier moka à Soliman Aga, ambassadeur de la Porte auprès de Louis XIV, qui l'introduisit à Paris. — Le plus ancien café de la capitale est celui de la Régence, qui existe encore près du Palais-Royal. Les auteurs les plus distingués s'y donnaient rendez-vous pour traiter les plus hautes questions de littérature; mais ils étaient peu nombreux. — Aujourd'hui, si chaque consommateur donnait 5 centimes en faveur de la précieuse fève importée, Aga, qui est complétement inconnu ou oublié, aurait sa statue dans toutes les villes de France.

Une loi féodale, qui peut-être était le palliatif du droit du seigneur, imposait aux nobles l'obligation de nourrir les enfants trouvés. A Paris, les seigneurs hauts-justiciers étaient tous des chefs d'abbaye et monastère, et s'acquittaient assez mal de cette obligation féodale. Une dame veuve, touchée de l'état d'abandon où périssaient ces pauvres enfants, leur ouvrit une maison; mais leur sort ne fut pas très-amélioré; les servantes de cette dame en firent un objet de trafic; elles les vendaient à des mendiants pour exploiter la commisération publique. Le prix de chaque enfant était généralement de vingt sous. — Révolté de cette traite des enfants trouvés, le bienfaisant saint Vincent de Paul les prit sous sa protection vigilante et fit construire un hôpital dans la rue du Faubourg Saint-Antoine.

Fontaines. — Les fontaines de Paris étaient alimentées, comme nous l'avons dit, par les aqueducs d'Arcueil, du pré Saint-Gervais, de Belleville, et par la pompe de la Samaritaine. Elles se multiplièrent sous le règne de Louis XIV. — La fontaine Saint-Michel, celle de la place du Palais-Royal, celle des Petits-Pères, celle de Louis le Grand, à l'extrémité de la rue Neuve-Saint-Augustin ; la fontaine Saint-Martin, celle de la rue Garencière et des Cordeliers, rue de l'École-de-Médecine, furent construites.

Omnibus.—Du temps de Louis XIV, Blaise Pascal inventa les omnibus ; on les appela d'abord les carrosses à cinq sous. Le Conseil royal, par un arrêt du **19** janvier **1662**, en approuva l'usage, et des lettres patentes en autorisèrent l'établissement en faveur du duc de Roannez, pair de France, gouverneur et lieutenant général du Poitou, du marquis de Souches, chevalier des ordres du roi, et du marquis de Crenan, grand échanson de France. — Ce fut le **18** mars **1662** que les carrosses à cinq sous commencèrent à circuler, comme le fait ressortir Loret dans sa gazette en vers :

L'établissement des carrosses,
Tirés par des chevaux non rosses,
Mais qui pourront à l'avenir,
Par leur travail le devenir,
A commencé d'aujourd'hui même :
Commodité sans doute extrême
Et que les bourgeois de Paris,
Considérant le peu de prix
Qu'on donne pour chaque voyage,
Prétendent bien mettre en usage.
Ceux qui voudront plus amplement,
Du susdit établissement,
Savoir au vrai les ordonnances,
Circonstances et dépendances,
Le peuvent bien tous les jours,
Dans les placards des carrefours.
Le dix huit de mars notre reine
D'écrire ceci prit la peine.

Cette entreprise eut un grand succès au début; mais le Parlement ne voulut enregistrer les lettres patentes d'autorisation qu'à la condition que « les soldats, pages, laquais et autres gens de livrée, même les manœuvres et gens de bras, ne pourraient entrer esdits carrosses, » aussi elle ne tarda pas à tomber. — Ce ne fut qu'en 1828 que les véritables omnibus reparurent à Nantes, et peu de jours après à Paris. — L'entreprise actuelle, qui est très-florissante, a été approuvée le **22 février 1855**. M. Moreau-Chaslon est à la tête de cette Compagnie.

Le pont Royal fut construit en **1685**.

En **1667**, on établit des lanternes pour éclairer les principales rues de **Paris**.

Les spectacles prirent sous Louis XIV un aspect plus régulier. Il s'en construisit plusieurs; mais ils étaient peu importants et ont été abandonnés ou démolis depuis.

La poste, que nous avons vu s'établir sous Louis XI pour les besoins de la Cour, ne suffisait plus. On créa la petite poste le **26 août 1653**. Le gazetier Loret donne les renseignements suivants :

> On va bientôt mettre en pratique,
> Pour la commodité publique,
> Un certain établissement
> (Mais c'est pour Paris seulement)
> De boîtes nombreuses et drues
> Aux petites et grandes rues,
> Où par soi-même ou son laquais,
> On pourra porter des paquets,
> Et dedans à toute heure mettre
> Avis, billet, missive ou lettre,
> Que des gens commis pour cela

Iront chercher et prendre là
Pour, d'une diligence habile,
Les porter par toute la ville.
Ceux qui n'ont suivant ni suivantes,
Ni de valets ni de servantes,
Ayant des amis loin logés,
Seront ainsi fort soulagés.
Outre plus, je dis et j'annonce
Qu'en cas qu'il faille avoir réponse
On l'aura par même moyen.
Et si l'on veut savoir combien
Coûtera le port d'une lettre,
Chose qu'il ne faut pas omettre !
Afin que nul ne soit trompé,
Ce ne sera qu'un sou tapé.

Lorsque Louis XIV mourut, les malheurs et les fautes avaient élevé la dette publique à la somme énorme de deux milliards soixante-deux millions. — C'était un fardeau pesant pour Louis XV, qui monta sur le trône, comme son bisaïeul, dans la faiblesse de l'âge ; il n'avait que cinq ans. — Le duc d'Orléans fut déclaré régent, et pour parer à la situation critique où se trouvait l'État, il s'abandonna par imprudence aux propositions trompeuses d'un aventurier qui aggrava le mal au lieu de le diminuer. Cet aventurier, qui avait nom Law et était Écossais d'origine, créa une banque où le papier-monnaie, comme on sait, joua un trop grand rôle. Le crédit tomba tout d'un coup, et la misère réelle succéda à une richesse illusoire. Law fut exilé; mais le trésor était épuisé. Aussi Paris, qui depuis longtemps ne connaissait plus la famine, en ressentit les effets en 1741 et 1752. Ces famines ont été aussi attribuées à l'iniquité des ministres qui portèrent le roi à établir un monopole des grains qu'ils accaparaient à bon marché et revendaient à un prix exorbitant ; mais le *pacte de famine* n'eût peut-être pas eu lieu sans les dépenses exagérées du règne de Louis XIV.

Le cardinal Dubois, fils d'un apothicaire de Brives-la-Gaillarde, qui avait commencé par être l'instituteur du duc d'Orléans, devint son premier ministre et gouverna l'État sans se faire beaucoup d'amis. — Ce n'est pas précisément une maladie vertueuse qui le tua. Sa mort fut le signal de la mise en liberté de plusieurs malheureux, au nombre desquels était le comte de Nocé, qui avait dit au ré-

gent en voyant élire Dubois premier ministre :
« Vous pouvez en faire ce que vous voudrez,
mais vous n'en ferez jamais un honnête
homme. » — Quand le cardinal fut mort, le
duc d'Orléans écrivit à Nocé en le rappelant :
« Morte la bête, mort le venin ; je t'attends
ce soir à souper au Palais-Royal. »

Le duc d'Orléans ne tarda pas à suivre
Dubois dans la tombe. — Louis XV étant
arrivé à sa majorité prit les rênes du gouvernement en 1723, sous les conseils du cardinal
Fleury, dont la sagesse et la modération mé-
ritent des éloges.

Il donna de bonnes inspirations au roi et
le fit aimer de ses sujets, qui lui donnèrent
le nom de Bien-Aimé. Malheureusement, à
la mort du cardinal, Louis XV, faible et
timide par nature, se trouva en proie à des
courtisans qui lui communiquèrent une partie
de leur corruption. Une de ses maîtresses les
plus adroites fut Antoinette Poisson, connue
sous le nom de marquise de Pompadour.
Elle était spirituelle, aimable, insinuante, et
prit insensiblement les rênes de l'État, au

grand mécontentement des Parisiens. — La crainte de voir s'échapper le pouvoir qu'elle tenait lui rendait tout suspect et elle gouverna mal.

Le peuple témoigna son mécontentement au roi, et cria, un jour qu'il passait en voiture : « Du pain ou la mort. » Louis XV, ne comprenant pas la manifestation, fit arrêter sa voiture et demanda à son entourage : « Que veut mon peuple ? » Sire, répondirent les courtisans, « il crie vive le roi. » — Voilà comment les puissants de la terre savent presque toujours la vérité.

Les discussions religieuses provenant de la bulle *Unigenitus* lancée par le pape Innocent XIII, enflammèrent les esprits, et l'acharnement devint si grand entre les Jésuites et les Jansénistes, que le Parlement et le roi furent obligés de s'en mêler. Un misérable nommé Damiens se rendit à Versailles, et, muni d'un couteau qui d'un côté portait une longue lame et de l'autre un canif de quatre pouces, il en frappa le roi à la cinquième côte au moment où il montait en voiture pour aller à Trianon. — Au milieu des tortures qu'on fit éprouver à cet assassin, il s'écria : « J'ai cru faire une œuvre méritoire pour le ciel. »

En 1762, le Parlement assemblé décréta la dissolution des jésuites soupçonnés de conspirer contre le roi, et ils furent chassés de France. — Saint Ignace, fondateur de l'ordre, était boiteux, et l'abbé Chauvelin, l'un d'entre eux, qui les dénonça au Parlement, était bossu. Ce rapprochement donna lieu à cette épigramme plus maligne que vraie :

Que fragile est ton sort, société perverse !
Un boiteux t'a fondée, un bossu te renverse.

La marquise de Pompadour venait de mourir, et la France croyait respirer un peu ; mais une autre maîtresse, la Dubarry, lui succéda de suite et acheva de corrompre la cour.

Louis XV mourut des suites de la petite vérole en 1774. Ce prince était d'un caractère affable et bienveillant, et il est dommage que son intelligence ne fût pas plus élevée et plus ferme.

Pour donner une idée de ce qu'étaient les mœurs sous ce règne, il suffira de dire « qu'on vit peu à peu s'introduire cette funeste maxime que les femmes devaient fermer les yeux sur les égarements de leurs maris, obligés à leur tour d'avoir les mêmes attentions pour leurs femmes. » — Quelqu'un dit un jour à la duchesse de Longueville : « Mon Dieu, Madame, l'ennui vous ronge ; ne voudriez-vous pas quelque amusement ? Il y a des chiens ici et de belles forêts, ne voudriez-vous pas chasser ? — Non, dit-elle, je n'aime pas la chasse. — Voudriez-vous vous promener ou jouer à quelque chose ? — Je n'aime ni l'un ni l'autre. — Voudriez-vous de l'ouvrage ? — Je n'aime pas l'ouvrage. — Que voudriez-vous donc ? — Que voulez-vous que je vous dise ? *Je n'aime pas les plaisirs innocents !* »

Ce qui différencie les mœurs de ce règne d'avec celles du règne précédent, c'est que sous Louis **XIV** on agissait avec hypocrisie, tandis que, sous Louis XV, on affichait l'impudence (1).

Les modes, pendant ce siècle, ne pouvaient qu'être extravagantes ou ridicules; aussi les femmes portaient des mouches de taffetas de forme ronde, étoilées, semi-lunaires dont on se couvrait le visage, et ces interminables paniers qui forçaient d'entrer de côté ou de rester à la porte. — Les coiffures étaient d'une hauteur démesurée, et les talons des souliers exposaient les précieuses ridicules à se rompre le cou.

Le jeu et les loteries faisaient fureur.

Si le siècle de Louis XIV offre à notre admiration les plus grands écrivains dans la poésie et l'éloquence, celui de Louis XV

______

(1) Le baron de ***, dinant pour la première fois chez une grande dame, fut placé à côté d'elle et lui dit avec un sans-façon qui caractérise l'époque. « Je suis bien heureux que vous m'ayez donné une place près de vous; j'ai bien envie d'abuser de votre bonté. — Comment cela ? — En vous demandant un peu de votre cœur. — Je n'ai pas de monnaie, répond la spirituelle grande dame.—Eh bien, donnez-le moi tout entier, reprend l'osé baron, je suis en fonds pour vous rendre. »

montre à la postérité une plus grande réunion d'écrivains en tous genres. — Voltaire, à la fois savant, poëte, historien et philosophe, embrassa presque toutes les branches des connaissances humaines; aussi sa place est à part, et cette place est la première. Le génie de Montesquieu enfanta l'*Esprit des lois.* Jean-Jacques Rousseau sut embellir la vérité des charmes de l'éloquence, et si ses principes lui ont fait de nombreux ennemis, le charme irrésistible de son talent ne lui a laissé que des admirateurs. Jean-Baptiste Rousseau, Buffon, Fontenelle, Diderot, d'Alembert, Bernardin de Saint-Pierre, la Harpe, Louis Racine, Regnard, Florian, Rollin, Jussieu, Condillac, Condorcet et tant d'autres forment comme une galerie semblant défendre à l'esprit humain de rétrograder jamais.

Parmi les monuments qui remontent à cette époque, nous devons citer l'église de Sainte-Geneviève, qui a été commencée sur les dessins de Soufflot, en 1757. Son plan offre la forme d'une croix grecque. Ce monument très-remarquable est surmonté par un dôme magnifique. — Pendant la Révolution, un décret de l'Assemblée nationale changea l'église Sainte-Geneviève en Panthéon, destiné à la sépulture des citoyens illustres par leurs talents et leurs vertus, et on plaça sur le frontispice l'inscription suivante :

« AUX GRANDS HOMMES

LA PATRIE RECONNAISSANTE. »

Aujourd'hui, cet édifice a été rendu au culte.

La halle au blé et à la farine, située sur le terrain de l'ancien hôtel de Soissons, fut commencée par ordre de Viarmes, prévôt des marchands, en 1762, et terminée trois ans après. Elle est de forme ronde. Camus de Muzière en fut l'architecte.

La fontaine de Grenelle-Saint-Germain date de l'annnée 1739. — Le fameux Bouchardon en fut à la fois le dessinateur, l'architecte et le sculpteur. Elle s'élève sur un plan demi-circulaire de 45 mètres de largeur sur 18 de hauteur. L'avant-corps du milieu de sa façade se compose de quatre colonnes ioniques accouplées deux à deux et couronnées d'un fronton. — Aux deux côtés de cette fontaine sont à demi-couchées des figures de rivières ; l'une représente la Seine et l'autre la Marne. On y voit aussi quatre niches où sont placées les figures allégoriques des saisons. Elle passait, à l'époque de sa construction, pour une des belles fontaines de Paris.

L'École de droit, située à côté du Panthéon, fut construite en **1771**, sur les dessins de Soufflot.

L'École militaire fut érigée en **1751**, pour que les jeunes gentilshommes sans fortune, ou dont les pères seraient morts au service de l'État, y fussent instruits dans l'art de la guerre. Cet édifice est très-vaste. Le Champ-de-Mars, qui dépend de l'École, s'étend jusqu'à la Seine ; c'est une vaste plaine de 1,350 mètres de longueur, sur environ **1** kilomètre de largeur, qui ne sert guère qu'aux grandes revues.

L'hôtel de la Monnaie fut construit par les

ordres de Laverdy, ministre d'État, sur les plans de l'architecte Antoine. Il est situé sur le quai Conti, et est beaucoup plus vaste qu'il ne le paraît.

La place de la Concorde, probablement la plus belle du monde, remonte à Louis XV. Deux fontaines monumentales y représentent, l'une les fleuves, et l'autre les mers. Les huit statues qui l'entourent représentent Lyon, Marseille, Bordeaux, Nantes, Rouen, Brest, Lille et Strasbourg. L'obélisque, formé d'un seul bloc de granit rose couvert d'hiéroglyphes, a 22^m83 de hauteur. — Cette place, située entre le jardin des Tuileries et les Champs-Élysées, présente une figure octogone gardée par des balustrades en pierre. — Le Garde-Meuble et l'autre bâtiment au delà de la rue Royale, qui se trouvent au nord de la place de la Concorde, remontent également à Louis XV.

Le théâtre de Nicolet fut établi au boulevard du Temple. On y exécutait des danses de corde et des tours de force. Un personnage y attira longtemps la foule : c'était un singe qu'on avait dressé à faire des tours, et qui amusait les Parisiens de plus fort en plus fort, au point que le roi s'y rendit. — Voilà pourquoi on dit : « C'est comme chez Nicolet, de plus fort en plus fort. »

Comme nous l'avons vu, sous le règne de Louis XIV on commença d'éclairer les rues le soir avec des lanternes. — Sous Louis XV, les réverbères furent inventés par l'abbé Matherot de Preigney et Bourgeois de Chateaublanc. Le privilége de l'éclairage public leur fut accordé le 28 décembre 1745, et le même jour parut un poëme intitulé : *les Nouvelles Lanternes*, dont Valois d'Orville était l'auteur :

> Le règne de la nuit va désormais finir ;
> Des mortels renommés par leur sage industrie,
> De leur climat sont prêts à la bannir ;
> Vois les effets de leur génie.
> Pour placer la lumière en un corps transparent,
> Avec un verre épais une lampe est fermée,
> Dans son centre une mèche avec art enflammée,
> Frappe un réverbère éclatant,
> Qui d'abord la réfléchissant,
> Porte contre la nuit sa splendeur enflammée.
> Globes brillants, astres nouveaux,

Que tout Paris admire au milieu des ténèbres,
Dissipez les horreurs funèbres,
Par la clarté de vos flambeaux.

C'est également sous le règne de Louis XV que se forma ce beau quartier de la Chaussée-d'Antin, qui auparavant ne contenait que quelques maisons de plaisance. On appela ce quartier Chaussée - d'Antin, parce que la rue principale fut percée sur la chaussée en face de l'hôtel du duc d'Antin, surintendant des finances. — Des rues nombreuses dans différents lieux de Paris furent ouvertes ou élargies, et Perronnet jeta sur la Seine le fameux pont de Neuilly, dont la hardiesse parut alors téméraire.

La petite poste fut étendue à la province, en 1758, par les soins de Chamousset, pour activer les communications, et pour la première fois on grava des inscriptions aux angles des rues afin de diriger les passants.

Le duc de Berry, petit-fils du dernier roi, monta sur le trône en 1774, à l'âge de vingt ans, sous le nom de Louis XVI. — Nous pourrions tirer le rideau sur la vie et la mort de ce monarque faible, mais vertueux, ennemi de toute injustice, et à qui on a fait payer cher les fautes de ses devanciers. — A cette époque, les hommes portaient les cheveux couverts de poudre et réunis par derrière dans un sac de taffetas noir appelé *bourse*. Ils étaient vêtus de l'habit français et chaussés de minces souliers couverts de larges boucles. Ils laissaient tomber deux longues chaînes de montre qui s'agitaient avec bruit. — Dans la toilette du beau sexe, on remarquait la toque accompagnée de deux attentions prodigieuses, le bonnet à la Henri IV, aux cerises, aux navets; le grattoir diamanté, le peigne en pierreries. On portait sur la gorge découverte des croix et de petits saint-esprits en diamants. — « Mon Dieu! s'écriait un prédicateur de l'époque, peut-on plus mal placer la croix qui représente la mortification, et le Saint-Esprit auteur de toutes les bonnes pensées. » — Les couleurs à la mode furent tour à tour dos et ventre de puce, boue de Paris et merde d'oie. Les dames raffolaient pendant quelque temps des bonnets moulins-à-vent, des parcs-anglais, des bosquets. Ces coiffures ne pouvant se tenir d'elles-mêmes, on créa des ressorts pour les élever et les abaisser à son gré. La hauteur des plumes et des panaches était si prodigieuse qu'au spectacle une rangée de femmes placées à l'orchestre bouchait la vue à tout le parterre; il en était de même dans les loges. Les spectateurs, au désespoir, murmuraient tout haut; mais les femmes riaient et tout se bornait là. — Sous Louis XVI, les femmes prirent la canne; elle leur était réellement utile, car la hauteur démesurée des talons de leurs souliers leur interdisait presque la faculté de marcher.

La coutume antique qui consistait à saluer et à dire : Dieu vous bénisse! à celui qui éternuait devant vous, subsistait encore, et ne disparut de la société aristocratique qu'à la Révolution.

M. de Calonne était un ministre très-complaisant; il disait un jour à la reine Marie-Antoinette qui voulait lui demander quelque chose : « Si c'est possible, c'est fait; si c'est impossible ça se fera. » Les fermiers généraux, profitant de sa complaisance, obtinrent de lui, en 1784, l'autorisation de renfermer Paris dans une vaste muraille afin d'arrêter les progrès de la contrebande. Les Parisiens peu contents critiquèrent cette mesure, et le bon mot et le quatrain suivants en sont restés :

Le mur murant Paris rend Paris murmurant.

Pour augmenter son numéraire,
Et raccourcir notre horizon,
La Ferme a jugé nécessaire
De mettre Paris en prison.

Les barrières, commencées par l'architecte Ledoux, furent élevées avec une grande magnificence ; mais le 1er mai 1791, les droits d'entrée ayant été abolis, ces barrières devinrent inutiles et on ne les acheva pas. — Le Directoire les fit réparer et y établit un léger impôt. — Napoléon Ier fit achever la muraille et perfectionna le mode de perception.

Sous le règne de Louis XVI, on s'occupa

d'élargir les rues anciennes et d'en percer de nouvelles. La moindre largeur des rues nouvelles fut fixée à 10 mètres et la hauteur minimum des maisons en bordures à 20 mètres. — On débarrassa les ponts des maisons et magasins qui les couvraient de chaque côté.

En 1790, il existait à Paris cinquante paroisses : — dix églises qui avaient le même droit ; — vingt chapitres et collégiales ; — quatre-vingts églises ou chapelles non paroisses ; — trois abbayes d'hommes ; — huit de filles ; — cinquante-trois couvents et communautés d'hommes et cent quarante-six couvents et communautés de filles. — Les revenus des maisons religieuses s'élevaient annuellement à environ 3,000,000 de livres, sans y comprendre les chapitres et les biens qu'ils possédaient hors Paris.

La population de la capitale était de 610,620 individus, et d'après les renseignements statistiques de Lavoisier, il se consommait, année commune, environ 206,000,000 de livres de pain, 1,380,000 livres de viande, et 68,500,000 litres de vin ordinaire.

Les loteries, dont on usait largement comme de nos jours, furent supprimées par un édit du roi en 1776; mais le Directoire les rétablit en 1797, et elles furent habilement exploitées sous le premier empire.

Le lieutenant de police Sartines autorisa, en 1775, des maisons de jeu, à condition que les bénéfices en seraient employés à des œuvres de bienfaisance. Il y en avait douze dans Paris. On vit des baronnes et des marquises ruinées solliciter l'avantage de posséder un de ces tripots, dont elles partageaient le lucre avec les valets qu'elles chargeaient de les présider. On y trouvait des rafraîchissements et deux dîners par semaine; mais ces repaires d'escroquerie qui produisirent à la police, pendant l'année 1786, environ 100,000 livres, étaient une source de crimes et de malheurs. Le gouvernement prit un arrêté pour les supprimer et fit de généreux efforts pour les détruire.

Parmi les monuments publics qui remontent à cette époque, nous pouvons citer l'École de médecine, rue de ce nom, commencée en 1774, d'après les dessins du sieur Goudouin. — La première thèse y fut soutenue en 1776.

L'École impériale des ponts et chaussées fut fondée en 1784 par le célèbre ingénieur Perronnet. Son institution remonte à 1747; mais elle changea souvent d'emplacement.— C'est là où les élèves de l'École polytechnique vont compléter leur instruction.

L'École des mines, d'abord rue de l'Université et aujourd'hui rue d'Enfer, fut projetée par le cardinal Fleury; mais ce n'est qu'en 1783 qu'elle fut créée. On voit dans son cabinet de minéralogie toutes les productions minérales de la France et de l'étranger.

L'Institution des sourds-muets, qui se trouve dans la rue Saint-Jacques, doit sa création à l'abbé de l'Épée. — Avant le bienfaisant abbé, diverses méthodes avaient été mises en usage pour rendre à la société ces êtres que la nature semble en avoir séparés pour toujours; mais le succès de l'œuvre ne remonte qu'au mois de novembre 1778. L'empereur Joseph II, se trouvant à Paris, visita le modeste professeur, assista à ses cours, et en parla avec tant d'admiration à la reine de France que cette princesse voulut aussi voir l'école de l'abbé de l'Épée. — Cet auguste exemple trouva de nombreux imitateurs; tout Paris s'y porta, et l'année suivante, 1778, un arrêt du Conseil autorisa l'école. Plus tard le gouvernement accorda une subvention annuelle. — L'abbé de l'Épée mourut en 1790, laissant un successeur digne de ses vertus et de ses talents dans l'abbé Sicard, son élève et son ami.

Haüy fit pour les aveugles de naissance ce que l'abbé de l'Épée avait fait pour les sourds-muets. Il fonda en 1786 l'Institution des jeunes aveugles. — Cette école, qui obtint d'abord un local dans le château des Tuileries, a changé souvent de place. Elle est aujourd'hui dans un magnifique édifice situé vis-à-vis les Invalides, à l'entrée du boulevard de ce nom.

Le Mont-de-Piété, rue des Blancs-Manteaux, est également une institution philanthropique qui permet aux malheureux sans avances d'engager leurs effets pour avoir de l'argent et vivre en attendant que leur position s'améliore.

Le Théâtre-Français, rue de Richelieu, fut commencé en 1787, par les soins de l'architecte Louis, et ouvert au public en 1790. Le théâtre de l'Opéra, l'Opéra-Comique, le Vaudeville et l'Ambigu-Comique furent établis de 1781 à 1784.

L'Odéon fut commencé en 1779 et terminé en 1782. — C'est le premier théâtre qui, en 1784, ait été éclairé par des lampes nommées quinquets. On l'appela d'abord Théâtre-Français; en 1790 on lui donna le nom de Théâtre de la Nation. — Il a été incendié trois fois, en 1793, 1807 et 1818. Après la dernière reconstruction on l'appela l'Odéon. Ce théâtre est sans contredit le plus beau de la capitale jusqu'à l'achèvement du grand Opéra. Ses formes mâles et nobles, son isolement et la régularité des rues aboutissantes en font un monument vraiment digne du dix-neuvième siècle. Il contient 1,756 places.

Le pont Louis XVI, qui porte aujourd'hui le nom de pont de la Concorde, fut construit de 1787 à 1792, sur les dessins du célèbre Perronnet. Une partie des pierres provenant de la Bastille ont été employées à sa construction.

La littérature suivait la marche de la civilisation ; Marmontel, la Harpe, Mirabeau, Turgot, Necker, Florian, Delille, Beaumarchais et autres s'illustraient chacun dans leur genre.

Nous sommes arrivés au moment où le trône croule de toutes parts. La Révolution s'avance à grands pas.

Le 15 janvier 1793, la Convention, à la majorité de 693 voix sur 719, déclare Louis coupable d'avoir conspiré contre la liberté de la nation. — Le 17, le nombre des membres présents étant de 721, 387 votent la peine de mort sans condition, et 334 la dé-

tention ou la mort conditionnelle. — Malesherbes, Tronchet et Desèze acceptent la
glorieuse mission de défendre le roi devant
la Convention. — Desèze prononce l'apologie
de sa conduite avant et après la constitution.
Dans un discours de deux heures, il commence par dire : « Je cherche parmi vous
des juges et je ne trouve que des accusateurs.»
En se résumant, il termine par ces mots :
« Je m'arrête devant l'histoire ; songez
qu'elle jugera votre jugement, et que le sien
sera celui des siècles. » Mais tout est inutile;
le 21, Santerre, commandant de la garde
nationale, et deux officiers municipaux se
présentent au Temple, où la famille royale avait
été enfermée, et conduisirent l'infortuné
Louis XVI à l'échafaud. — Son confesseur lui
fit ses adieux par ces paroles : « Fils de saint
Louis, montez au ciel. » Parvenu d'un pied
ferme sur l'échafaud : « Français, dit le roi, je
meurs innocent. Je pardonne à mes ennemis. Je désire que ma mort........... »
Un roulement de tambour l'empêcha de
poursuivre; les bourreaux le saisirent, et sa

tête tomba sous le glaive fatal. Son corps fut inhumé dans le cimetière de la Madeleine et sa fosse remplie de chaux.

Neuf mois après, la tête de la reine Marie-Antoinette tombait à la même place, et le même sort attendait peu de jours après madame Élisabeth, sœur du roi, à peine âgée de trente ans. — Le Dauphin, fils unique de Louis XVI, encore tout enfant, fut arraché des bras de sa mère, et placé sous la tutelle du cordonnier Simon, jacobin féroce, qui prit à tâche de dépraver ses facultés. Il succomba sous le poids des mauvais traitements qu'il avait reçus pendant environ trois ans, et mourut le 8 juin tout couvert d'ulcères.

« Ainsi périt la monarchie, dont la tombe fut creusée par la corruption des règnes précédents ; par les vices de la cour, qui dénaturèrent les mœurs publiques ; par l'égoïsme des priviléges, qui offensa la misère et la dignité de la nation ; enfin par la faiblesse des vertus d'un prince désintéressé de toute grandeur, ennemi de toute injustice, et qui, ne pouvant être le modèle des rois, était celui de la vie privée de chacun de ses sujets (1). »

L'époque dont nous nous occupons vit naître ces chants patriotiques dont la mémoire est immortelle, et qui tant de fois ont conduit nos braves à la victoire.

Les arbres de la liberté se multipliaient. Paris en eut sa bonne part, en attendant que Bonaparte vînt les faire abattre. Dans les environs de la capitale, on en planta un avec l'inscription suivante, qui fut plus remarquée que remarquable :

> Arbre chéri, reçois l'hommage
> Des Français rentrés dans leurs droits ;
> Qu'ils en conservent bien l'usage :
> On ne peut y rentrer deux fois.
> Qu'ils gravent tous sur ton écorce
> Cette utile réflexion :
> La liberté vient de la force,
> Et se soutient par l'union.

Au sein de la Convention s'élevaient deux partis irréconciliables : les girondins et les jacobins. Les premiers, ainsi nommés parce

---

(1) Norvins, *Histoire de la Révolution.*

qu'ils venaient de la Gironde, voulaient **une** république fédérative. Les seconds ne respiraient que l'anarchie, la terreur et la mort. On les appelait jacobins parce qu'ils avaient établi leur club dans l'ancien couvent des Jacobins. — A la tête des premiers on remarquait Guadet, Lanjuinais et Vergniaux ; à la tête des seconds, Marat, Danton et Robespierre. Marat demande soixante mille têtes ; Robespierre veut qu'on établisse des ateliers d'armes sur la place publique, qu'on emprisonne les suspects et qu'on paye à leurs dépens les sans-culottes qui montent la garde. Les jacobins deviennent maîtres de la Convention et triomphent ; mais tout à coup une jeune fille de Normandie part de Caen, arrive à Paris et fait demander une audience à Marat. Introduite pendant que ce monstre est au bain, elle lui parle des députés proscrits que recèle sa province. « Bientôt, dit Marat, ils subiront leur châtiment. » « Le tien est prêt, » reprend la jeune fille, et en même temps elle lui enfonce un couteau dans le cœur. Il jette un cri et expire. — Traduite devant le tribunal révolutionnaire, elle soutient son caractère et marche d'un pied ferme à la mort. Elle était à peine âgée de vingt ans, et s'appelait Charlotte Corday.

Nous n'avons pas à suivre ici la Convention et les diverses phases de la politique du Directoire et du Consulat : c'est en dehors de notre cadre ; contentons-nous de dire qu'après tant de carnage, la France avait besoin d'ordre et de repos. Bonaparte paraît avec sa réputation de grand capitaine ; le consulat à vie ne lui suffisait pas, il se fait reconnaître Empereur. Il désire que le pape sanctifie sa puissance par l'onction divine, et le pape vint à Paris sacrer Napoléon et son épouse Joséphine. Le moment était favorable de frapper les yeux de la multitude ; rien ne fut épargné en cérémonies, fêtes, galas et feux d'artifice.

— « Comment as-tu trouvé mon sacre ? demande Napoléon au maréchal Lannes. —Ma foi, répond le vieux guerrier, je n'ai jamais vu de plus belle capucinade ! »

Quelques voix mécontentes et indépendantes s'élevèrent contre le premier consul. Celles de Carnot et de Lanjuinais furent remarquées dans le nombre : « Laissons, disait l'Empereur, le champ libre à cette minorité parleuse et clabaudière ; son caquet se perd dans les acclamations. »

Par les conseils de l'Angleterre, la Russie, l'Autriche et la Prusse se liguent contre Napoléon ; mais rapide comme l'aigle, dont il a substitué l'image aux emblèmes de la république, il part et remporte coup sur coup les victoires d'Ulm, d'Austerlitz, d'Iéna, d'Eylau et de Friedland. — Ses ennemis frappés de surprise s'inclinent devant lui, et la paix de Tilsit vient mettre le comble à sa gloire. — Des trônes sont distribués à ses frères, et les titres et les cordons lui fournissent des milliers d'esclaves. — Le Français, naturellement ami de tout ce qui est grand, se laisse enchaîner au bruit des victoires de l'Empereur ; ce nom magique vole de bouche en bouche, et les voûtes des temples même ne cessent de le répéter. Napoléon profite de cet enthousiasme pour faire ses projets de réforme.

En 1810, Joséphine, cet ange de douceur et de clémence, dont les sages conseils avaient épargné bien des fautes au grand homme qu'elle aimait, est répudiée, et Napoléon épouse l'archiduchesse d'Autriche Marie-Louise, fille de l'empereur François II. — A partir de cette époque, les revers commencent, et, le 31 mars 1814, à midi, l'empereur de Russie et le roi de Prusse entrent à Paris à la tête d'un brillant état-major et de cinquante mille hommes d'élite. — Les vainqueurs accordent pour retraite à l'Empereur des Français l'île d'Elbe avec 6 millions de revenus, et, le 3 mai, Louis XVIII, frère de l'infortuné Louis XVI, monte sur le trône.

Nous passons sous silence le débarquement de Napoléon à Cannes, à la tête de ses cinq cents compagnons d'exil. S'il reconquit la France dans vingt jours, la funeste bataille du Mont-Saint-Jean ouvrit de nouveau aux étrangers le chemin de la capitale, et Napoléon dont le vaste génie semblait trouver le monde trop petit, et qui avait disposé des trônes et des rois, fut emprisonné et mourut sur un rocher dans la petite île de Sainte-Hélène, à 1,800 lieues de sa patrie.

Avant la Révolution, Paris était divisé en une foule de petites sociétés qui formaient autant de républiques, ayant leurs mœurs, leurs usages et leurs jargons. Chacune de ces sociétés avait ses limites, et telle était la difficulté des communications qu'elles ne se connaissaient guère que par ouï-dire. — La gentilhommerie et la roture étaient tout à fait distinctes. Les filles des financiers passaient, il est vrai, quelquefois dans le camp de la noblesse, mais c'était sur un pont d'or. Le nom qu'elles achetaient leur donnait accès à la cour; mais les nobles les regardaient toujours avec quelque dédain. La Révolution vint renverser presque toutes les barrières.

Les troubles civils avaient ressuscité cette funeste manie du duel que le commencement du règne de Louis XVI avait vue s'éteindre.

Une folie épidémique s'empara des esprits, et remit en réputation les sorcières, les discussions de bonne aventure, les spectres et les revenants. On consultait le présent et l'avenir avec des jeux de cartes. — Le somnambulisme naquit du magnétisme et eut son école.

Le docteur Gall, mêlant ingénieusement les doctrines du physionomiste Lawater et du magnétique Mesmer, vint tâter l'occiput et le sinciput des habitants des bords de la Seine, et, suivant la configuration de leur chef, il leur prouvait qu'ils étaient appelés à l'instruction ou à l'ignorance, au courage ou à la pusillanimité, au crime ou à la vertu.

En 1789, les femmes voulurent imiter les hommes et quittèrent la perruque ; elles ne laissaient que très-peu croître leurs cheveux. La nouvelle mode s'appela *coiffure à la Titus.* — Cette innovation eut ses partisans et ses antagonistes. M. de Lacroix, juge au tribunal de Versailles et ancien professeur de droit civil, s'exprime en ces termes dans un ouvrage intitulé : *Réflexions morales sur les délits publics et privés :*

« La peine prononcée contre l'adultère était autrefois la réclusion et le retranchement d'une parure dont les femmes font de nos jours le sacrifice volontaire à une mode étrange. On dirait, en les voyant offrir une tête dépouillée de l'ornement naturel dont la beauté tirait un si grand avantage, qu'elles ont compati à l'humiliation des coupables que la justice avait flétries d'une honteuse nudité, et qu'elles ont voulu leur en sauver l'ignominie en paraissant la partager. »

Geoffroy défendit la coiffure à la Titus dans le *Journal de l'Empire* « : Les femmes, dit-il, qui sont encore tondues de plus près que les. hommes ne savent pas combien cet usage leur épargne d'inquiétude et d'impatience. Combien l'élégant édifice des anciennes coiffures était difficile à bâtir, quel temps précieux on perdait à tourmenter les cheveux !

« Les femmes de chambre y gagnent encore plus que les maîtresses ; Lisette dit en parlant d'Isabelle :

Il m'a fallu trois fois réformer sa coiffure;
Nous avons toutes deux enragé tout le jour,
Contre un maudit crochet qui prenait mal son tour.

Malgré les raisonnements de Geoffroy, la mode passa vite; les femmes laissèrent croître leurs cheveux, et elles eurent raison.

Le cachemire devint un objet fort recherché, et est resté depuis comme une nécessité.

Les progrès de la littérature ne s'arrêtèrent pas sous la République et l'Empire. — Aux noms que nous avons cités dans les fastes des assemblées législatives, nous devons ajouter Mirabeau, Talleyrand, Cambacérès, François de Nantes, Boissy d'Anglas et une foule d'autres. — Lacépède saisit les pinceaux de Buffon pour nous peindre la nature. — Lavoisier poursuit les travaux de la chimie. — Chenier, Delille, Boufler, Michaux, Millevoye et Casimir Delavigne prennent une place honorable sur le parnasse français.

On vit des femmes aspirer à la gloire d'embellir notre guirlande poétique, et les noms de Salm, Beaufort et de Beauharnais nous remémorent une versification élégante.

Parmi les fondations utiles qui remontent à cette époque, nous devons mentionner *le Code civil*. — C'est le plus beau monument de la gloire de Napoléon Ier; aussi est-il resté debout et intact au milieu de tous les revers. Les sept personnages célèbres qui le rédigèrent furent Cambacérès, Portalis, Tronchet, Bigot-Préameneu, Maleville, Siméon et Treilhard.

L'Entrepôt des halles aux vins et eaux-de-vie fut commencé en 1811 sur les dessins du sieur Gaucher. — Son emplacement contient l'espace occupé par l'ancienne halle, l'abbaye Saint-Victor, une partie de la terre d'Alez et une infinité de maisons particulières. — Une ville du quatrième ordre serait aisément placée dans son enceinte. Elle peut contenir plus de 75,000 hectolitres de vin.

Le marché de la volaille, appelé vulgairement la Vallée, au coin de la rue des Grands-

Augustins, sur l'emplacement de l'église de ce nom, fut commencé en 1809.

Le marché Saint-Germain, à côté de l'église Saint-Sulpice, fut commencé en 1811 et fini en 1818. — Construit par l'architecte Blondel, c'était, dans son temps, le plus beau de la capitale.

Abattoirs. — Turgot avait proposé de purger Paris de ces ruisseaux de sang qui affligeaient les regards en passant devant les tueries des bouchers. — Ce projet d'un ministre patriote reçut son exécution sous l'Empire. — Cinq abattoirs s'élevèrent à la fois : à Montmartre, à Popincourt, à Ivry, à Vaugirard et au Roule.

Le Palais de la Bourse, entre les rues Vivienne et Notre-Dame-des-Victoires, fut commencé en 1808 sur les plans de Brogniart. Les travaux furent suspendus en 1814 par suite des événements politiques, mais ils ne tardèrent pas à être repris. Le plan de cet édifice est un parallélogramme dont la longueur est de 69 mètres sur 41 mètres de largeur. A chacune de ses façades règne une

ordonnance de colonnes corinthiennes élevées sur un soubassement d'environ 3 mètres. La salle de la Bourse, située au rez-de-
chaussée, est éclairée par le comble et peut
contenir deux mille personnes. — A la mort
de Brogniart, les travaux furent continués par
l'architecte Labarre.

Ponts. — Un décret du 15 mars 1801
ordonna la construction de trois ponts à
Paris : l'un en face du Jardin des Plantes,
l'autre entre les îles Saint-Louis et la Cité, et
le troisième, entre le Louvre et le Collége des
quatre nations. — Le premier, commencé en
1802 sur les plans de Béquey-Beaupré, fut
ouvert en 1806, et s'appela pont d'Austerlitz,
en mémoire de la célèbre bataille. Le second
tira son nom de son emplacement, et fut appelé pont de la Cité. Le troisième devait naturellement se nommer le pont des Arts. Il
fut commencé en 1802 et terminé en 1804,
sur les dessins de l'ingénieur Dillon. C'est le
premier pont dont les arches aient été construites en fer. — A ces trois ponts nous devons ajouter celui d'Iéna, en face du Champ

de Mars, construit en pierre de taille, sur les plans de l'ingénieur Lamandé, de 1806 à 1813. Les Prussiens, dans nos temps de revers, voulurent rendre ce pont responsable du nom glorieux qu'il tenait de la victoire. Ils essayèrent vainement de le faire sauter. On négocia avec eux, et une ordonnance lui imposa le nom de pont des Invalides. Depuis les temps sont bien changés ! nous appelons les ponts comme nous l'entendons.

Le quai d'Orsay, entre les ponts Royal et de la Concorde, fut reconstruit en 1808 et prit le nom de quai Bonaparte. Celui des Invalides, qui en est la suite, fut commencé en 1802 et interrompu en 1814. — Le quai de Billy, ainsi nommé d'un brave général mort à Iéna, borda la rive droite de la Seine au bas de Chaillot. — Le quai de la Conférence, le long des Champs-Élysées, — le quai du Louvre, furent achevés sous l'Empire. Le quai Desaix, sur la rive gauche de la rivière, entre le pont Notre-Dame et le pont au Change, avait été commencé en 1788 ; il fut complétement achevé en 1802. — Le quai de la Tournelle et plusieurs autres furent construits sons le règne de Napoléon Ier.

Le canal de l'Ourcq, dont nous aurons occasion de parler dans un autre chapitre, fut commencé en 1802. — Le but de ce canal était d'amener à Paris les eaux de la rivière de l'Ourcq pour le besoin des habitants.

Un décret impérial du 2 mai 1806 porte que soixante-cinq fontaines existantes à Paris seront mises en état et qu'il en sera construit quinze nouvelles, dont voici les noms : 1° celle du marché des Jacobins; 2° celle du Château-d'Eau; 3° celle de l'École, au milieu de la place de ce nom; 4° celle du Palmier, au centre de la place du Châtelet; au milieu du bassin s'élève une colonne de style égyptien de 18 mètres de hauteur, couronnée d'une statue dorée de la Victoire, chef-d'œuvre du sculpteur Boizot. Au bas sont placées quatre statues du même artiste, représentant: la Loi, la Force, la Prudence et la Vigilance. — 5° La fontaine de Popincourt; 6° la fontaine du Gros-Caillou; 7° la fontaine du palais des Arts, dont nous avons déjà parlé ; 8° la fontaine égyptienne rue de Sèvres ; 9° la fontaine de la rue de Vaugirard, dont le bas-relief représente Léda caressant Jupiter caché sous la forme d'un cigne ; à côté, l'Amour contemple le mystère ; 10° la fontaine de Saint-Sulpice, qui constituerait un joli monument, si elle n'était écrasée par l'église qui la domine ; 11° la fontaine du Lycée, rue Sainte-Croix-d'Antin ; — 12° celle de Saint-Jean-le-Rond adossée à Notre-Dame ; 13° celle des Lions-Saint-Paul ; 14° celle de la rue Censier, située au coin de cette rue et de la rue Mouffetard ; et 15° la fontaine située au carrefour qui termine la rue du Jardin-des Plantes. — A ces quinze fontaines nous devons ajouter celle de Desaix, qui fut érigée en 1803 au milieu de la place Dauphine sur les dessins de Percier. — Elle se compose d'un cippe qui porte le buste du brave général, tué à Marengo, couronné par la France militaire.

Prisons. — En 1754, le gouvernement acheta l'hôtel du duc de la Force, qui était situé entre la rue du Roi-de-Sicile et la rue Pavée-Saint-Antoine, dans le but d'y établir une École militaire. Le ministre Necker voulant avoir des prisons plus commodes et plus salubres, proposa la suppression du fort l'Évêque et du petit Châtelet et l'établissement de deux nouvelles prisons dans le vaste hôtel de la Force. On les appela la grande et la petite Force, et voilà pourquoi on a dit longtemps : placer dans une maison de force, au lieu de : mettre en prison.

La prison Saint-Lazare rue du Faubourg-Saint-Denis, les Madelonnettes rue des Fontaines, et Sainte-Pélagie remontent à cette époque.

Cimetières. — L'Assemblée constituante défendit en 1790 d'enterrer les morts dans les églises. Le général Bonaparte renouvela cette défense en 1804. On lui doit la fondation des quatre cimetières de Montmartre, du Père-Lachaise, de Vaugirard et de Sainte-Catherine. Le premier tire son nom de sa position et offre des points de vue pitto-

resques. On y trouve les tombeaux d'A-
drienne Chameroy, actrice distinguée, qui
ne put obtenir les honneurs funèbres qu'en
vertu d'ordres supérieurs; de Dazincourt,
acteur des Français, de Saint-Lambert et de
Legouvé.

Le cimetière du Père-Lachaise occupe la
superficie d'une propriété du jésuite Lachaise, confesseur de Louis XIV. C'est, de
beaucoup, le plus vaste et le plus remarquable de la capitale. Les temples, les chapelles, les caveaux, les pyramides, les obé-
lisques et les colonnes y abondent. On s'arrête devant les tombeaux d'Héloïse et
d'Abeilard, de Desèze, de Casimir Périer, du
maréchal Masséna, de Molière, de la Fontaine, de Cuvier, de Davoust, de Suchet, du
général Foy, de Delille, de Monge, de Par-
mentier et du duc de Morny.

Le cimetière de Vaugirard, situé dans la
plaine de Montrouge, est assez vaste. L'entrée est décorée de deux pavillons. On y remarque les tombes du marquis d'Aguesseau
et de la Harpe. C'est dans cette enceinte que

sont portées les personnes condamnées pour crimes politiques, comme Fieschi.

Le cimetière Sainte-Catherine, rue des Francs-Bourgeois-Saint-Marcel, renferme le tombeau du général Pichegru.

Catacombes. — Les catacombes s'étendent depuis Arcueil jusqu'au faubourg Saint-Marcel, en sorte que l'Observatoire, le Panthéon, le Luxembourg, l'Odéon, Saint-Sulpice et les rues de la Harpe et Saint-Jacques sont fondés sur ces excavations et pour ainsi dire suspendus sur des abîmes. Ces catacombes ne sont autre chose que des carrières qu'on a fouillées pendant plusieurs siècles pour bâtir le premier Paris. Leur entrée principale est dans la cour du pavillon ouest de la barrière d'Enfer. On y descend par quatre-vingt-dix marches ; arrivé **au** vestibule, on y trouve la sentence suivante :

Arrête, c'est ici l'empire de la mort.

C'est qu'en effet on y voit les ossements des victimes de la Révolution et ceux de divers cimetières qui ont été supprimés à cause

de l'agrandissement de Paris et des exha-
laisons pestilentielles qui s'en élevaient. De
nombreux affaissements de terrain ayant
occasionné des plaintes, le gouvernement
ordonna en 1776 une visite générale et la
levée des plans de ces cavernes. Une administration générale des carrières fut créée
en 1777. Le jour même de son installation,
une maison de la rue d'Enfer fut engloutie à
28 mètres au-dessous du terrain qui la sup-
portait. Ce fait éveilla l'attention de l'autorité, et l'administration des carrières a entrepris des ouvrages immenses. Chaque
galerie souterraine correspond à une rue de
la surface, et les numéros des maisons ont en
bas des numéros correspondants. Cet ordre
facilite les réparations, et aura pour résultat
d'éviter les affaissements, qui deviennent de
plus en plus rares.

L'École normale fut fondée en 1794, dans
l'amphithéâtre du Jardin des Plantes. Elle a
pour but de former des professeurs au grand
art d'enseigner. Primitivement, les cours
furent dirigés par Bernardin de Saint-Pierre,

Bertholet, Buache, Daubenton, Lagrange, Laplace, la Harpe, Monge, Sicard et autres célébrités. Ces cours n'étaient pas écrits. Après une courte existence, on supprima cette école qui fut réorganisée en 1808. Elle consista dès lors en un pensionnat dont le cours est de trois ans. Cette institution, qui était rue des Postes, n° 26, occupe maintenant l'ancien collége du Plessis.

L'École polytechnique fut fondée par un décret de la Convention nationale, en **1794**, sous le nom d'École centrale. Elle reçut son nom actuel l'année suivante. Située rue de la Montagne-Sainte-Geneviève, dans l'ancien collége de Navarre, elle fut dès son origine destinée à former des élèves pour remplir les places d'ingénieurs militaires, ingénieurs des ponts et chaussées, ingénieurs géographes, ingénieurs des mines et ingénieurs constructeurs de vaisseaux. Des professeurs habiles, et notamment le savant Monge, étendirent dans cette École la sphère des sciences physiques et mathématiques. On fixa à trois ans le cours des études, et les candidats ne furent admis que par la voie du concours. Elle se trouve dans les attributions du ministère de la guerre.

Colléges.—La Convention fonda des écoles centrales; Napoléon les remplaça par des lycées. Paris en compta cinq : celui de Louis le Grand, ou ancien collége des Jésuites, rue Saint-Jacques; celui d'Henri IV, à l'ancienne maison de Sainte-Geneviève, rue de Clovis; celui de Napoléon, au couvent des Capucins, rue Sainte-Croix; celui de Charlemagne, à l'ancien couvent des Jésuites, rue Saint-Antoine, et enfin celui de Saint-Louis, rue de la Harpe, à l'ancien collége d'Harcourt.

Le Conservatoire des arts et métiers, rue Saint-Martin, fut décrété par le conseil des Cinq-Cents en 1798. Mgr Grégoire, ancien évêque de Blois, à qui les arts, les sciences et la philosophie doivent de la reconnaissance, provoqua le premier, au Comité de l'instruction publique de la Convention nationale, la création de cette utile institution. On y forme des artistes et des professeurs.

Théâtres. — Le gouvernement impérial, en 1807, supprima tous les théâtres de Paris, à l'exception de huit (1). Le théâtre de Molière, rue Saint-Martin, fut sacrifié, ainsi que celui de la Cité, place du Palais-de-Justice, dont on fit une salle de bal longtemps en réputation appelée le Prado. Toutefois la sévérité de l'administration se relâcha, et en 1810, la salle de la Porte-Saint-Martin, qui peut contenir mille huit cent trois spectateurs, fut édifiée.

Corps législatif. — En 1795, le palais Bourbon, propriété nationale, fut choisi pour les séances du conseil des Cinq-Cents. L'architecte Gisors fit exécuter les travaux nécessaires à cette nouvelle destination. Restreint par des vues d'économie, il dut se borner à murer quelques croisées et à placer au centre de la façade un avant-corps. Lorsque les Cinq-Cents vinrent y siéger en 1798, la

---

(1) Les huit théâtres conservés furent : l'Opéra, le Théâtre-Français, l'Odéon, l'Opéra-Comique, l'Ambigu, la Gaîté, le Vaudeville et les Variétés.

salle demi-circulaire était, comme aujourd'hui, disposée en amphithéâtre. Elle reçoit le jour d'en haut. Le pourtour des murs est revêtu de stuc et de lames de cuivre dorées. On a été obligé de le couvrir de draperies afin d'amortir l'éclat de la voix. Napoléon Ier fit reconstruire, en 1807, la façade du côté de la Seine par l'architecte Poget. Un perron de 6 mètres de haut et de 32 de large annonce majestueusement l'édifice. Au bas sont deux statues debout représentant la Sagesse, par Rolland, et la Justice, par Houdon. Plus loin, à l'entrée, se trouvent assises les figures de Sully, Colbert, l'Hôpital et Daguesseau, par Beauvallet, Dumont, Deseine et Foucou. Au-dessus du perron, la façade présente sur la même ligne douze colonnes corinthiennes supportant un fronton triangulaire du sieur Fragonard, représentant la Loi. Cet édifice fut appelé sous la Restauration Chambre des députés, et sous le premier Empire, comme aujourd'hui, on le nomma Corps législatif.

Palais de la Légion d'honneur. — Cet élégant édifice fut bâti.en 1786, par l'architecte Rousseau, pour l'habitation du prince de Salm. La loi du 19 mai 1802 créa la Légion d'honneur ; son inauguration fut célébrée en 1804, le 14 juillet, et l'hôtel de Salm, devenu propriété de l'État, fut destiné aux bureaux de cette nouvelle administration.

Le Palais de l'Élysée, situé rue du Faubourg - Saint - Honoré , avenues Marigny et de l'Élysée, fut construit en 1718, sur les dessins de Molé, pour le comte d'Évreux. C'est un des plus beaux hôtels de Paris. La marquise de Pompadour en fit l'acquisition et l'occupa ; elle agrandit considérablemeut le jardin. Après la mort de la favorite, Louis XV l'acheta du marquis de Marigny pour en faire un hôtel des ambassadeurs extraordinaires. Ce palais appartint ensuite au financier Beaujon et à la duchesse de Bourbon. En 1792, il fut déclaré propriété nationale et vendu à des spéculateurs qui y établirent des jeux et des restaurants. En 1804, il devint la propriété de

Murat. Aujourd'hui il appartient à l'État. Napoléon Ier et Napoléon III l'ont habité.

Arc de triomphe de l'Étoile. — Le 15 août 1806, le sieur Chalgrin, architecte, commença cet arc de triomphe à la barrière de Neuilly. Ses fondations n'offrant pas assez de solidité, on fut obligé, après avoir creusé à 24 pieds de profondeur, de former un sol factice pour supporter cet énorme poids. Les travaux furent suspendus en 1814 et ne furent repris qu'en 1823. Après la mort de Chalgrin en 1811, les travaux furent continués successivement par les architectes Goust, Huyot et Blouet. L'arc de triomphe fut inauguré le 29 juillet 1836. C'est le plus grand monument de ce genre qui existe au monde. Il a 51 mètres de hauteur, 46 de largeur et 23 d'épaisseur. Il a coûté 9,651,115 francs ainsi répartis :

Sous l'Empire.....................	3,200,715 fr.
Sous la Restauration	3,000,775
Sous Louis-Philippe	3,449,625
Total égal............	9,651,115 fr.

On y remarque des trophées et des bas-
reliefs qui représentent les grandes batailles
du premier Empire. Dans l'intérieur se
trouvent de vastes salles et des escaliers qui
conduisent à la plate-forme d'où l'on jouit
d'une vue magnifique.

Arc de triomphe du Carrousel. — Ce monument fut élevé, en 1806, à la gloire de la
Grande Armée, sur les plans de MM. Percier
et Fontaine. Sa hauteur est de 15 mètres, sa
largeur de 20 et son épaisseur de 7 mètres.
Il se compose de trois arcades de front et
d'une arcade transversale, qui coupe les trois
autres en croix. Sa masse est en pierre de
liais. Chacune des deux faces principales est
ornée de huit colonnes de marbre rouge de
Languedoc, dont les bases et les chapiteaux
sont en bronze. Chaque colonne supporte
une statue de militaire français de différentes
armes. Au-dessus est un attique sur lequel
s'élève un char en plomb doré auquel sont
attelés les quatre chevaux de bronze conquis
à Venise, conduits par deux statues allégoriques également en plomb doré, représen-

tant la Victoire et la Paix. — Dans le char se trouve la statue de la France. — Six bas-reliefs en marbre ornent les faces du monument et représentent, avec des inscriptions en lettres d'or : la capitulation devant Ulm, par le sieur Castelier ; la victoire d'Auster-litz, par le sieur Espercieux ; l'entrée à Vienne, par le sieur Deseine ; l'entrée à Munich, par le sieur Claudion ; l'entrevue des deux empereurs, par le sieur Rancey, et la paix de Presbourg, par le sieur Sueur. —En 1815, cet arc de triomphe, qui a coûté 1,400,000 francs, se vit dépouillé momenta-nément de son char, de ses chevaux et de ses bas-reliefs en marbre.

Colonne Vendôme.—La place Vendôme était appelée place des Conquêtes sous Louis XIV. — En 1810, Bonaparte lui donna la déno-mination actuelle, et on éleva au milieu la colonne Vendôme, qui a une hauteur de 71 mètres. Sa fondation, de 10 mètres de profondeur, est assise sur les pilotis établis pour la statue équestre de Louis XIV, qui fut transportée place des Victoires. Le piédestal, le fût de la colonne, son chapiteau et son amortissement, bâtis en pierre de taille, sont revêtus de fortes lames de bronze. Ce bronze provient de douze cents pièces de canon prises sur les armées russe et autrichienne pendant la glorieuse campagne de 1805. Le piédestal est orné de trophées d'armes. La colonne est couverte, de la base au sommet, d'une série de tableaux disposés en spirales, représentant par ordre chronologique les exploits de nos armées depuis le départ du camp de Boulogne jusqu'à la paix qui suivit la bataille d'Austerlitz. Dans l'intérieur de la colonne est un escalier composé de cent soixante-seize marches par lequel on monte à la galerie placée au-dessus du chapiteau. Là se trouve un dôme sur lequel on lit ces mots : « Monument élevé à la gloire de la Grande Armée, commencé le 25 août 1806 et terminé le 15 août 1810, sous la direction de MM. Denon, directeur général ; Lepère et Gondouin, architectes. » Sur la calotte du dôme se trouve la statue de Napoléon Ier.

En 1790, un décret de l'Assemblée natio-

nale organisa à Paris une nouvelle munici-
palité composée d'un maire, de seize admi-
nistrateurs, de deux membres du conseil,
de quatre-vingt-seize notables, d'un procureur de la commune et de deux substituts,
tous élus par les habitants divisés en quarante-
huit sections ; mais, en 1795, cette division
fut détruite, et Napoléon y substitua les douze
arrondissements qui ont été maintenus jusqu'à Napoléon III.

En 1805, un système de numérotage régulier fut établi. Dans les rues parallèles à
la rivière, les numéros pairs furent posés à
droite et les numéros impairs à gauche en
suivant le cours de l'eau. — Dans les rues
perpendiculaires à la Seine, le même ordre
fut observé en partant du rivage.—Les trottoirs datent de cette époque. On commença
d'en établir quelques-uns dans les rues principales; mais l'opinion ne leur était pas favorable. L'auteur des *Aventures parisiennes*
disait encore en 1808 : « Les rues de Paris
ne sont point susceptibles d'être ornées de
trottoirs, ainsi que plusieurs personnes se

l'imaginent ; la multiplicité des portes cochères y met un obstacle presque insurmontable. »

« Chaque époque, disait, sous Napoléon, le spirituel Ermite de la Chaussée-d'Antin, a ses vices, ses défauts, ses vertus même. » La franchise distingue le règne de Henri IV ; l'intrigue caractérise celui de Louis XIII. Louis XIV ramène en France le goût du luxe et l'amour des lettres. La régence et le règne de Louis XV s'annoncent par la licence et la débauche, et se terminent par l'impudence où le bon ton était d'être roué. Sous Louis XVI, les idées de patriotisme et d'indépendance se font jour, et, à travers les horreurs de la révolution viennent renverser les barrières féodales. — L'Empire identifia le peuple dans l'amour de la gloire et l'habitude du despotisme ; mais nous arrivons à une période où les faits trouveraient des acteurs encore vivants, et il y a lieu de passer rapidement sans oublier cependant de saluer Chateaubriand et Talma,

La Restauration n'a produit, en architecture, aucun monument remarquable; mais le progrès ne s'arrêta pas complétement.

Sous Louis XVIII, en 1822, Paris fut éclairé au gaz.

Les principaux édifices construits sous ce règne sont :

La chapelle expiatoire de Louis XVI, située sur le bord du boulevard Haussmann, entre les rues d'Anjou et de la Madeleine. Le cimetière de l'ancienne église de la Madeleine se trouvait en cet endroit, et, comme nous l'avons vu, Louis XVI et Marie-Antoinette y furent enterrés. En 1815, Louis XVIII fit recueillir leurs restes, et les fit transporter à Saint-Denis. Il ordonna en même temps l'érection d'une chapelle expiatoire sur le lieu même qui avait reçu leurs dépouilles. Percier et Fontaine en ont été les architectes.

Le séminaire de Saint-Sulpice, situé sur la place et à côté de l'église de ce nom, fut commencé en 1820. Cet édifice forme un parallélogramme ; au centre se trouve une vaste cour carrée. Il renferme deux cent soixante chambres, indépendamment des salles et des parloirs nécessaires pour les élèves.

L'École centrale des arts et manufactures, située rue de Thorigny, fut fondée en 1820, sur le plan de l'École polytechnique, pour former des ingénieurs civils.

Passages. — Les passages qui existaient à Paris avant la Restauration étaient si rares, si étroits et généralement si obscurs, qu'on pourrait presque dire qu'ils datent de Louis XVIII. Le passage des Panoramas, la galerie Vivienne, le passage Véro-Dodat, le passage du Pont-Neuf, la galerie Colbert et la galerie Choiseul furent percés, et forment autant de bazars ou de magasins très-animés.

Les statues de Henri IV, de Louis XIII et de Louis XIV furent érigées : la première, sur le Pont-Neuf, en 1818; la seconde, sur la place Royale, en 1820, et la troisième, sur la place des Victoires, en 1823.

Le quartier de la Madeleine, qui n'était occupé que par des chantiers de bois, se couvrit de maisons. En 1820, on perça la rue

Godot-de-Mauroy, et les années suivantes celles de Tronchet, Chauveau-Lagarde, Desèze et Neuve-de-la-Ferme-des-Mathurins.

Sous le règne de Charles X, on éleva l'église Saint-Pierre pour le quartier du Gros-Caillou. — L'église Notre-Dame de Lorette fut commencée et le Jardin du Roi reçut des accroissements considérables. — La Bourse et l'Entrepôt des vins furent terminés ; le boulevard Saint-Denis fut aplani et le théâtre Ventadour fut créé.

M. Debelleyme, nommé préfet de police en 1823, donna une direction nouvelle à cette administration, et rendit beaucoup de services à Paris.

Le règne de Louis - Philippe fut plus fécond ; il exécuta les fortifications votées par les chambres en 1840 (1). Il termina la Madeleine, l'arc de triomphe de l'Étoile et le palais du quai d'Orsay, où la Cour des

---

(1) Les fortifications de Paris ont été construites en quatre ans, de 1840 à 1844 ; elles ont un développement de $34^k 530^m$ et ont coûté 140 millions.

comptes, mal à l'aise dans son palais de la Cité, se transporta. Il ouvrit le musée des Thermes et l'hôtel de Cluny, construisit les ponts Louis-Philippe et du Carrousel, perça la rue Rambuteau, et commença la restauration de Notre-Dame et du Palais de Justice. Au nord de Paris, l'hôpital de Lariboisière fut édifié, ainsi que l'hôtel des affaires étrangères, au coin de l'esplanade des Invalides. Les fondements de l'église Sainte-Clotilde furent jetés, Notre-Dame de Lorette et Saint-Vincent de Paul furent achevées. La Cité fut percée et assainie.

La colonne de Juillet fut élevée sur la place de la Bastille, au milieu de la voûte sous laquelle passe le canal Saint-Martin. Le roi Louis-Philippe en posa la première pierre en 1831, et l'inauguration se fit en juillet 1840. Cette colonne se compose d'un piédestal carré, d'un fût, d'un chapiteau, d'un tambour et de la statue dorée représentant le Génie de la liberté. Elle est tout en bronze, ainsi que son escalier intérieur, qui a deux cent cinq marches. Sa hauteur est de 47 mètres.

Le puits artésien de Grenelle, destiné à alimenter les bornes-fontaines de la rive gauche, fut commencé.

Les gares des chemins de fer d'Orléans, de Versailles et principalement celle de Strasbourg furent de nouveaux monuments pour l'ornement comme pour l'utilité de la ville.

Les fontaines de la place de la Concorde ont été édifiées en 1839. Celle du côté de la Seine est dédiée aux mers, et l'autre, du côté du garde-meuble, est dédiée aux fleuves. — Toutes les figures qui les composent ont été moulées dans l'usine de **M.** Muel, sous la direction de **M.** Hittorf; elles sont en fonte.

L'obélisque de Louqsor, formé d'une seule et énorme masse de granit rose, fut érigé le 25 octobre 1836, au milieu de la place de la Concorde, à l'endroit même où l'échafaud révolutionnaire avait fait tant de victimes.

En résumé, le règne de Louis-Philippe a fait pour la capitale beaucoup plus que tous les gouvernements précédents, soit dans l'intérêt, soit pour l'agrément des habitants.

Les mœurs, à l'époque où nous sommes arrivés, ont changé autant que l'aspect des maisons et des quartiers. Il y a loin de l'enceinte de Louis-Philippe à l'enceinte de Charles V. — Les boulevards intérieurs, qui forment à présent le centre de Paris, servaient sous Louis XV de limite et de barrière. La porte Saint-Martin et la porte Saint-Denis formaient deux grandes entrées. « Toute cette portion de la ville, dit Claudin, située sur la droite de ces boulevards, quand on les descend de la Bastille à la Madeleine, n'existait pas. La Grange-Batelière, où est bâti l'Opéra, fut un marais jusque sous Louis XVI. On peut lire dans les mémoires de Bachaumont la description des soupers somptueux que les filles de l'Opéra et les comédiennes à la mode y donnaient à leurs familiers. L'une d'elles, surnommée la *petite Lolo*, fit manger à d'Alembert des poules d'eau tuées le jour même dans les marais de la Grange-Batelière, aux alentours de sa demeure. »

Le Paris à la mode qui, sous Henri IV et Louis XIII, était à la place Royale, gagna le Marais sous Louis XIV, puis le faubourg Saint-Germain et ensuite le Palais-Royal, qui garda la vogue sous l'Empire et sous la Restauration. — Sous Louis-Philippe, le Palais-Royal déclina, et la foule commença de se porter du côté de la Bourse et des boulevards, entre le passage des Panoramas et la Madeleine, où elle est encore de nos jours.

Tout nouveau-né, en entrant dans le monde, pousse généralement des cris qui ne se calment que sur le sein de sa nourrice. L'art culinaire, comme l'a dit Brillat-Savarin, est donc indispensable à la société, et il ne serait pas sans intérêt de suivre les transformations du cuisinier français à travers les développements de la capitale. — On y trouverait probablement de nombreux enseignements.

Mais la tâche ne serait pas facile. Toutefois, sans chercher à savoir si Adam naquit à jeûn, jetons un coup d'œil en arrière et commençons par lire l'élégie historique de

Brillat, le législateur de la gastronomie (1).

ÉLÉGIE HISTORIQUE.

Premiers parents du genre humain, dont la gourmandise est historique, qui vous perdîtes pour une pomme, que n'auriez-vous pas fait pour une dinde aux truffes ? Mais il n'était dans le Paradis terrestre ni cuisiniers ni confiseurs.

Que je vous plains !

Rois puissants qui ruinâtes la superbe Troie, votre valeur passera d'âge en âge; mais votre table était mauvaise. Réduits à la cuisse de bœuf et au dos de cochon, vous ignorâtes toujours les charmes de la matelotte et les délices de la fricassée de poulets.

Que je vous plains !

Aspasie, Chloé, et vous toutes dont le ciseau des Grecs éternisa les formes pour le désespoir des belles d'aujourd'hui, jamais votre bouche charmante n'aspira la suavité d'une meringue à la vanille ou à la rose; à peine vous élevâtes-vous jusqu'au pain d'épice.

Que je vous plains !

Abbés crossés, mitrés, dispensateurs des faveurs du ciel; et vous, Templiers terribles qui armâtes vos bras

____

(1) Brillat-Savarin naquit à Bellay, au pied des Alpes, le 1er avril 1755. — Il était conseiller à la Cour de cassation lorsqu'il écrivit la *Physiologie du Goût.*

pour l'extermination des Sarrasins, vous ne connûtes pas les douceurs du chocolat qui restaure ou de la fève arabique qui fait penser.

Que je vous plains !

Et vous enfin, gastronomes de 1825, qui trouvez la satiété au sein de l'abondance et rêvez des préparations nouvelles, vous ne jouirez pas des découvertes que les sciences préparent pour l'an 1900, telles que les esculences minérales et les liqueurs résultat de la pression de cent atmosphères. Vous ne verrez pas les importations que des voyageurs, qui ne sont pas encore nés, feront arriver de cette moitié du globe qui reste encore à découvrir ou à explorer.

Que je vous plains !

D'après Brillat, l'art culinaire n'a pas dit son dernier mot, mais il faut convenir que les restaurants de Paris ne poussent guère au progrès. Depuis fort longtemps on trouve partout le même menu. Ainsi, dînez sur la rive droite ou sur la rive gauche de la Seine, chez un restaurateur du noble faubourg ou dans le faubourg Saint-Antoine, ce sera partout les mêmes prix et vous mangerez identiquement les mêmes choses. Autrefois, un cuisinier travaillait pendant vingt ans avant

d'oser se montrer chez un millionnaire; mais de nos jours, l'éducation culinaire est singulièrement simplifiée par la dizaine de plats qui figurent invariablement sur toutes les cartes. Si nous nous rappelons bien les raisons données par Alexandre Dumas, qui ne vit pas précisément pour manger, mais qui mange cependant le mieux possible pour bien vivre, la décadence de la cuisine ne proviendrait pas uniquement de ce que les cuisiniers dorment sur leurs recettes; elle vient aussi des fourneaux qui ont supprimé la broche, la poële et le gril.

« Ce faisan est bon, s'écriait un jour un gourmet, mais par malheur il a été rôti avec du bois flotté. »

Ce gourmet-là ne pourrait pas s'empêcher de dire aujourd'hui que la substitution du charbon de terre au bois a porté le dernier coup à la cuisine et éteint complétement son appétit.

Berchoux, dans son poëme de la *Gastronomie*, rappelle le rôle de la cuisine du temps des empereurs romains :

C'est alors que l'on vit des écuyers tranchants
Et des maîtres d'autels au service des grands.
Alors les cuisiniers riches par leurs salaires,
Ne furent point comptés au rang des mercenaires.
Considérés, chéris dans leur utile état,
Ils marchèrent de pair avec le magistrat.
Des ragoûts les plus fins Marc-Antoine idolâtre,
Au sortir d'un dîner donné par Cléopâtre,
Ivre de bonne chère et grand dans ses amours,
Fit présent d'une ville avec ses alentours
A l'artiste fameux qui traita cette reine;
Présent digne en effet de la grandeur romaine.

A plusieurs plats nouveaux, d'un goût très-recherché,
Le nom d'Apicius fut longtemps attaché;
Il fit secte, et l'on sait qu'il s'émut des querelles
Sur les Apiciens et leurs sauces nouvelles.

On connaît l'appétit des empereurs romains,
Leur luxe singulier, leurs énormes festins;
Dans un repas célèbre, on dit qu'un de ces princes,
Mangea le revenu de deux grandes provinces,
Vitellius, malgré son pouvoir chancelant,
De son règne bien court profita dignement.
Rien ne peut égaler la merveilleuse chère,
Qu'en un jour d'appareil il offrit à son frère.
On y vit, s'il faut croire à ces profusions,
Plus de sept mille oiseaux et deux mille poissons.
Tout y fut prodigué. L'excessive dépense
Du fils d'Ænorbarbus passe toute croyance.
Je sais qu'il fut cruel, assassin, suborneur;
Mais dans son estomac, je distingue son cœur.

Il se mettait à table au lever de l'aurore,
L'aurore en revenant l'y retrouvait encore.
Claude, faible héritier du pouvoir des Nérons,
Préférait à la gloire un plat de champignons.
Tibère, retiré dans les îles Caprées,
N'y changea pas ses mœurs, des Romains abhorrées.
Caligula fit faire un repas sans égal
Pour son Incinatus, très-illustre cheval.
Je ne puis oublier l'appétit méthodique
De Géta, qui mangeait par ordre alphabétique.

C'est à Taillevent, cuisinier de Charles VII, que remonte l'origine des mets que l'on sert à peu près partout. Ce fut lui qui inventa la sauce blanche, la sauce caméline, jaune, eau bénite, saupiquet, mostechan, galantine, à l'alose, à Madame, au montail, au lait, dodine, froide, poitevin, râpée, robert, rouge, verte, la percicienne, la poivrade jaune, la sauce muscade, la sauce à la rose, aux cerises, aux cormes, aux prunes, aux raisins et aux mûres.

Le créateur des repas succulents a été le célèbre Jean Carême, cuisinier du pape Léon X. — Ce Jean inventa une soupe maigre parfaite, destinée à adoucir la rigueur du carême ; de là son nom. — Son fils s'appela tout simplement Carême.

Vatel, le plus célèbre des maîtres d'hôtel attaché d'abord à la maison Fouquet, surintendant des finances, passa ensuite chez le prince de Condé. Il se tua de désespoir, dit Mme de Sévigné, pendant une fête que le prince, son maître, donnait au roi à Chantilly, parce que la marée n'arriva pas à temps-

Richaud, qui succéda à Vatel dans la maison de Condé, a été cité pour ses sauces.

Lasnes était renommé pour le froid. — Le fils Carême servit la table d'Alexandre Ier en 1814 et 1815 pendant que cet empereur était en France, puis il devint chef chez le baron de Rothschild.

Le grand Voltaire écrivait en 1765 au comte d'Autrey :

« Il y a des nourritures fort anciennes et fort bonnes, dont tous les sages de l'antiquité se sont toujours fort bien trouvés. Vous les aimez et j'en mangerais volontiers avec vous ; mais j'avoue que mon estomac ne s'accommode point de la nouvelle cuisine.

Je ne puis souffrir un riz de veau qui nage dans une sauce salée, laquelle s'élève quinze lignes au-dessus de ce petit riz de veau. Je ne puis manger d'un hachis composé de dinde, de lièvre et de lapin qu'on veut me faire prendre pour une seule viande. Je n'aime ni le pigeon à la crapaudine, ni le pain qui n'a pas de croûte. Je bois du vin modérément, et je trouve fort étrange les gens qui mangent sans boire et qui ne savent pas ce qu'ils mangent. — Je ne vous dissimulerai pas même que je n'aime pas du tout qu'on se parle à l'oreille quand on est à table et qu'on dise ce qu'on a fait hier à son voisin qui ne s'en soucie guère ou qui en abuse. Je ne désapprouve pas qu'on dise *Benedicite*, mais je souhaite qu'on s'en tienne là, parce que si l'on va plus loin on ne s'entend plus ; l'assemblée devient cohue, et on dispute à chaque service.

« Quant aux cuisiniers, je ne saurais supporter l'essence de jambon, ni l'excès des morilles, des champignons, et de poivre et de muscade avec lesquels ils déguisent des

mets très-sains eux-mêmes et que je ne vou-
drais pas seulement qu'on lardât.

« Il y a des gens qui vous mettent sur la
table un grand surtout où il est défendu de
toucher ; cela m'a paru très-incivil. On ne
doit servir un plat à son hôte que pour qu'il
en mange, et il est fort injuste de se brouil-
ler avec lui parce qu'il aura entamé un cédrat qu'on lui aura présenté. Et puis, quand
on s'est brouillé pour un cédrat, il faut se
raccommoder et faire une paix plâtrée, souvent pire que l'inimitié déclarée.

« Je veux que le pain soit cuit au four et
jamais dans un privé. Vous aurez des figues
ou fruits, mais dans la saison.

« Un souper sans apprêt, tel que je le pro-
pose, fait espérer un sommeil doux et fort
plein qui ne sera troublé par aucun songe
désagréable.

« Voilà, Monsieur, comme je désirerais
avoir l'honneur de manger avec vous.

» VOLTAIRE. »

La création des restaurants remonte à

1782. Avant, on ne connaissait que le cabaret et l'auberge qui se transforma plus tard en hôtel. — Le premier et le plus fameux restaurateur de la capitale fut Beauvilliers. On trouvait dans ses salons des mets délicats et pareils à ceux servis sur la table du roi. Après lui viennent successivement ou simultanément Méot, Robert, Rose, Legacque, etc., etc.

Le caboulot, qui n'est autre chose que le cabaret doré sur tranche au dehors, et décoré au dedans d'un comptoir en marbre de Carrare, fut institué sous le Directoire par la mère Moreau. — Elle s'établit au bout du Pont-Neuf, près de la Samaritaine. — Ses chinois firent fureur, et une brillante et rapide fortune s'ensuivit. La mère Moreau vendit sa clientèle qui devint de plus en plus nombreuse, et les caboulots se multiplièrent. — Le marbre de Carrare a été remplacé de nos jours par les comptoirs d'argent qu'on orne généralement de jeunes filles enrubannées, pour amorcer le chaland avec un sourire sans façon.

Du temps de François Ier, on dînait à neuf heures, et l'on soupait à cinq heures du soir, suivant ces vers d'un vieux poëte :

> Lever à cinq, dîner à neuf,
> Souper à cinq, coucher à neuf,
> Font vivre d'ans nonante et neuf.

Sous Louis XII, on dînait à huit heures du matin; mais pour plaire à sa dernière femme, ce roi changea son régime et dîna à midi. Au lieu de se coucher à six heures du soir, il ne se coucha qu'à minuit. — Après sa mort, le dîner fut remis à neuf ou dix heures du matin, et le souper à cinq ou six heures du soir. — Sous Henri IV, la cour dînait à onze heures du matin; sous Louis XIV, à la même heure. — Sous Louis XVI, à deux heures après midi; le spectacle commençait à cinq heures et se terminait à neuf. — Les employés travaillaient dans leurs bureaux depuis neuf heures jusqu'à midi, et depuis trois heures jusqu'à neuf; mais le travail du soir paraissant plus dispendieux qu'utile, on n'établit qu'une séance depuis neuf heures du matin jusqu'à quatre du soir. —La Révolution, qui changea tant de choses, modifia les usages. Le déjeuner remplaça le dîner, et le dîner remplaça le souper. Le déjeuner se fit à onze heures ou midi, et le souper à six heures du soir. — Les théâtres s'ouvrirent à sept heures et se fermèrent à onze heures ou minuit comme de nos jours.

Les principaux restaurants de Paris sont connus de tout le monde et nous devons nous abstenir de les désigner; mais ce que tout le monde ne sait peut-être pas, c'est que le général Bonaparte dînait souvent aux Frères-Provençaux. — Lorsque les quatre fils de Louis-Philippe pouvaient se soustraire à l'étiquette de la cour, c'est également dans un cabinet de l'entresol des Frères-Provençaux qu'ils faisaient leurs petits dîners, dont la dépense était modérée. Ce cabinet fut appelé le cabinet des Princes.

CHAPITRE VIII.

—

Paris sous la République de 1848 et Napoléon III.

———

I.

La république de 1848 décréta l'achèvement du Louvre, la prolongation de la rue de
Rivoli et l'établissement des Halles centrales;
mais elle n'eut pas le temps de l'exécution.

Napoléon III monta sur le trône, comme
Empereur, en 1852. — Immédiatement il
comprit que le travail est immensément civi-
lisateur, et dans sa grande liberté d'action, il
conçut les plus vastes et les plus utiles entreprises.—Il était écrit dans le livre du destin

que son avénement mettrait à l'ordre du jour les questions les plus importantes et les plus délicates, et que ce serait son génie qui donnerait les solutions.

Avant de nous mettre en route pour explorer la capitale et examiner les travaux exécutés sous son règne, il n'est peut-être pas inutile de jeter un coup d'œil en arrière au point de vue de la voirie.

Eaux.

Nous avons vu que l'aqueduc d'Arcueil fut construit sous l'empereur Julien pour mener les eaux de la source de Rungis au palais des Thermes, situé sur la rive gauche de la Seine.

A Belleville et aux Prés-Saint-Gervais existent de petites sources très-nombreuses, qui ont servi pendant les premiers siècles à alimenter la rive droite; mais ces sources étant enclavées dans les propriétés des religieux de l'abbaye de Saint-Laurent, les moines firent construire vers le viie siècle des aqueducs pour diriger les eaux dans leur établissement, situé au pied de la butte Montmartre.

Les Parisiens profitèrent donc très-peu de ces deux premières créations. — Ils étaient obligés d'aller puiser directement l'eau dans la Seine ou dans les puits lorsque les eaux du fleuve étaient trop troubles. Cette situation dura jusqu'à Philippe-Auguste qui, après avoir établi les Halles, y fit conduire les eaux des Prés-Saint-Gervais et fit construire la fontaine des Innocents.

A partir de cette époque, les eaux des Prés-Saint-Gervais et de Belleville, qui appartenaient aux moines de Saint-Laurent, devinrent publiques ; les rois en disposèrent pour les besoins du peuple et diverses fontaines furent établies. — Mais les successeurs de Philippe-Auguste accordèrent de larges concessions aux monastères et aux seigneurs, et l'abus devint si grand que, sur les plaintes de la population, Charles VI rendit une ordonnance en date du 9 octobre, où il dit : « Que certains, ayant eu autorité près des rois, ont obtenu par leur puissance et importunité, ou sous ombre de services rendus, la licence de prendre pour leur usage particulier une partie des eaux publiques au grand détriment des habitants; que ces concessions sont sup-primées ; que les tuyaux en seront coupés ; que si dans l'avenir il en est fait de nouvelles, elles seront d'avance déclarées nulles, et que défense est faite d'obéir aux lettres royales qui les auraient octroyées. »

Cet édit implique que l'autorité municipale n'intervenait pas encore dans l'administra-tion des eaux qui ne relevaient que du roi.

Les troubles et les guerres des règnes de Charles VI et Charles VII firent négliger les aqueducs au point qu'en 1457, le prévot des marchands fut obligé de reconstruire celui de Belleville sur une longueur de 96 toises. — C'est sans doute à partir de cette époque que la ville chargée des réparations et entretien, obtint sur ces établissements un droit de pro-priété.

D'après les renseignements que nous trou-vons dans le travail de M. Figuier sur les eaux de Paris, « à la fin du quinzième siècle, les fontaines publiques de Paris étaient au nombre de seize, toutes sur la rive droite de la Seine. — Les douze dans l'intérieur de la ville étaient : la fontaine Maubuée, de Marle, Sainte-Avoye, Barre-du-Bec, Baudoyer, Saint-Julien, alimentées en eau de Belleville ;—des Halles, des Innocents, du Ponceau, de la Reine, de la Trinité, des Cinq-Diamants, qui recevaient les eaux des Prés-Saint-Gervais. — Les quatre hors des murs de la ville étaient : les fontaines Saint-Lazare, des Filles-Dieu, des Cultures-Saint-Martin et du Temple. »

Le volume d'eau donné par les aqueducs de Belleville et des Prés-Saint-Gervais, ne dépassait pas 300 mètres cubes par vingt-quatre heures. Or, comme la population s'élevait alors à environ 260,000 âmes, chaque habitant n'avait qu'un litre d'eau de source par vingt-quatre heures, et encore l'abus des concessions gratuites diminuait cette quantité.

Une pénurie d'eau eut lieu en 1608. Sur les plaintes du peuple, Henri IV supprima rigoureusement les concessions et fit détruire les conduites qui amenaient l'eau dans les habitations des seigneurs. — C'est sous ce règne, comme nous en avons déjà parlé, que la pompe de la Samaritaine fut établie au Pont-Neuf pour alimenter les Tuileries et le Louvre.

Après la mort de Henri IV, tous les abus qu'il avait supprimés reparurent, et malgré la pompe de la Samaritaine, la population de Paris qui augmentait toujours était privée d'eau.

L'aqueduc d'Arcueil, abandonné après la période romaine, fut reconstruit sous la régence de Marie de Médicis pendant la minorité de Louis XIII. — La distribution de l'eau commença le 18 mai 1624, et quatorze fontaines furent élevées sur la rive gauche qui en était complétement privée.

Cette amélioration notable eût produit d'excellents résultats, si le nouveau volume d'eau eût été bien réparti; mais le roi en conserva environ les deux tiers pour lui, et l'autre tiers fut partagé entre les habitants, les abbayes et les puissants seigneurs qui savaient faire leur part au détriment du peuple.

De nouveaux besoins ne tardèrent pas à se faire sentir, et le seul moyen de remédier au mal était d'augmenter le volume d'eau disponible, puisque la suppression des abus était impossible.

Le sieur Jolly, chargé de la conduite de la pompe de la Samaritaine, proposa de supprimer un moulin à blé qui existait au-dessous de la troisième arche du pont Notre-Dame, et d'y substituer une machine à quatre corps de pompe qui élèverait l'eau de la Seine pour l'alimentation des fontaines publiques. — Ce projet fut approuvé le 20 décembre 1669. Mais à peine le marché de cette construction était-il conclu, que Jacques Demance, trésorier de la Fauconnerie et gendre du célèbre Riquet, présenta au bureau de la ville un nouveau projet pour établir, près de la première, une seconde machine hydraulique composée de huit corps de pompe. — Les deux machines furent construites; celle de Demance fut reçue en mai 1670 et donna

50 pouces d'eau ; celle de Jolly ne fut terminée qu'en 1671 et n'en donna que 30 pouces (1).

La distribution des eaux des pompes Notre-Dame se fit par quinze nouvelles fontaines publiques et la quantité fournie se trouva ainsi répartie :

Eaux de Belleville et des Prés-St-Gervais.	300^m
Aqueduc d'Arcueil.....................	500
Eaux des trois pompes de la Seine.......	1,000
Total..........	1,800

La population de Paris étant de 500,000 âmes, la quantité d'eau distribuée était de 3 litres et demi par tête.

Mais les machines hydrauliques établies sur la Seine ne tardèrent pas à se détériorer, et le débit eut naturellement à souffrir de ces imperfections et de ces intermittences.

« Le volume total des eaux de Paris, tant royales que municipales, montait à environ

---

(1) Le pouce d'eau fontainier donne en vingt-quatre heures environ 20 mètres cubes d'eau.

200 pouces fontainiers, lorsqu'en l'année 1777 une compagnie particulière, à la tête de laquelle étaient les frères Périer, obtint pour quinze années le privilége de placer des conduites sous les rues et d'établir une distribution nouvelle destinée à des abonnements particuliers (1). »

La compagnie des frères Périer fit établir les pompes à feu et les réservoirs de Chaillot, — et plus tard les pompes du Gros-Caillou. — L'eau fut distribuée pour la première fois au mois de juillet 1782. — Cette compagnie ne prospéra pas, et à la révolution de 1789, l'État fut obligé de s'emparer de l'entreprise.

Les troubles politiques firent serrer les capitaux; mais les idées spéculatives ne tardèrent pas à se reproduire dans la question des eaux publiques et à reprendre les anciennes combinaisons.

Parmi les projets qui surgirent de l'initiative individuelle, le plus remarquable, sans

(1) Mémoire de M. Haussmann, préfet de la Seine, présenté au conseil municipal le 4 août 1854.

contredit, fut celui de Parcieux qui consistait à dériver à Paris les eaux de l'Yvette, petite rivière qui se jette dans la Seine aux abords de la capitale. — Parcieux mourut sans avoir vu réaliser son projet ; mais son idée de dérivation est restée comme un titre de gloire pour sa mémoire.

En 1676, Paul Riquet, qui s'est immortalisé par la création du canal du Languedoc, proposa d'amener à Paris l'eau de l'Ourcq au moyen d'un canal navigable. Ce projet fut vigoureusement combattu , et Riquet comme Parcieux mourut sans avoir vu réaliser ses espérances.

M. de Fer, ingénieur, adressa à l'Académie, en 1782, un mémoire proposant la dérivation de la Bièvre de préférence à l'Yvette, à cause de la bonté des eaux. — Plusieurs autres projets, plus ou moins sérieux, furent mis en avant, et surtout celui de se servir des eaux de la Seine avec des appareils de filtrage.

Une longue discussion s'ensuivit.

Le marquis de Mirabeau, père du célèbre

tribun, s'exprimait ainsi sur les eaux de Paris :

« Tous les certificats du monde ne me per-
suaderont pas qu'une eau dans laquelle se
versent toutes les impuretés d'une ville immense soit plus saine que celle où il ne s'en
verse point, et que le volume diminuant, tandis que celui des immondices reste le même,
cette eau soit néanmoins toujours également
saine. Personne n'ignore, et je donne en mon
nom le démenti dû au charlatanisme, à la jon-
glerie et à l'impudence, à quiconque niera que
l'eau de la pompe de Chaillot, puisée lorsque
les eaux sont très-basses, ne soit, sans compa-
raison plus vite corrompue que celle puisée
ailleurs ; et quelle peut en être la cause, si
ce n'est la présence d'une plus grande quantité de matières effervescentes. »

Mercier, dans son *Tableau sur Paris*, tient
à peu près le même langage.

« On achète l'eau à Paris, et quand la rivière est trouble, on boit de l'eau trouble.
On ne sait trop ce que l'on avale ; mais on
boit toujours. L'eau de la Seine relâche l'estomac pour quiconque n'y est pas habitué.

Les étrangers ne manquent presque jamais l'incommodité d'une petite diarrhée; mais ils l'éviteraient s'ils avaient la précaution de mettre une cuillerée de bon vinaigre blanc dans chaque chopine d'eau. »

Beaumarchais, dont le mot est resté, disait : « Les Parisiens boivent le soir ce qu'ils ont vidé le matin. »

Toutes ces discussions eurent pour résultat d'attirer l'esprit du premier consul sur la question des eaux de Paris, et le **29** floréal an **x**, la dérivation de l'Ourcq fut décidée. M. Girard fut nommé ingénieur en chef des travaux du canal, et on plaça sous ses ordres MM. Dutens, Stanislas Léveillé, Égault et Lehot, ingénieurs ordinaires.

Les troubles politiques arrêtèrent les travaux en **1817**, aussi le canal n'a été terminé complétement qu'en **1822**.

Un décret du **4** septembre **1807** ordonna la réunion de toutes les eaux anciennes et nouvelles en une seule administration, et les plaça sous l'autorité du préfet de la Seine, qui devait les régir aux frais de la ville.

Le service des eaux de Paris, qui primitivement avait été entre les mains des moines et du roi, passa donc définitivement dans le domaine de la voirie municipale le 4 septembre 1807, et le canal de l'Ourcq a été exécuté en entier au compte de la ville.

L'Ourcq prend sa source dans la forêt des Ris, département de l'Aisne, passe à Mareuil et va se jeter dans la Marne au-dessous de Lisy, après un cours d'environ 60 kilomètres. — Le canal de dérivation commence à Mareuil et se termine à la Villette.

Sa longueur est de 96 kilomètres.

Il a coûté environ 23 millions, et peut fournir en vingt-quatre heures 106,000 mètres cubes d'eau.

Le réservoir principal de l'Ourcq est le bassin de la Villette, dont la superficie est de 6 hectares 56 ares. Cet immense bassin, à ciel ouvert, contient environ 200,000 mètres cubes d'eau. Il est à 51^m49 c. au-dessus du niveau de la mer, et à 25^m24 c. au-dessus de l'étiage de la Seine, ce qui permet la distribution de l'eau sur les deux rives du fleuve

Le puits artésien de Grenelle fut commencé le **24** décembre **1833**, sous la direction des ingénieurs Emmery et Mary ; mais des difficultés d'exécution n'ont permis de le terminer entièrement qu'en **1852**. — Sa profondeur est de **548** mètres. — Il a coûté environ **560,000** francs. — La température de l'eau qui jaillit est de **27°** **50**, et le débit de **940** mètres cubes par jour.

En **1852**, le volume d'eau distribué dans la capitale se décomposait ainsi :

Eau d'Ourcq....................	106,000^{mc}
Eau de Seine élevée par les machines.	42,000
Eau d'Arcueil.....................	1,000
Eau du puits de Grenelle...........	940
Eau de Belleville et des Prés-Saint-Gervais.....................	160
Total..........	150,100^{mc}

Soit environ **148** litres par habitant, sans défalquer la quantité nécesssaire au service public.

Ce volume d'eau se répartissait ainsi qu'il suit :

Service privé.....................	60,000^{mc}
Service public....................	46,400
Établissements de l'État et bois de Boulogne.....................	30,600
Reste disponible	13,100
Total comme ci-dessus......	150,100

ÉGOUTS.

Anciennement, les Parisiens dirigeaient les eaux pluviales et ménagères dans la Seine au moyen de rigoles. — « Vers 1374, Hugues Aubriot, prévôt des marchands, construisit le premier égout proprement dit, en faisant voûter la rigole découverte qui conduisait les eaux du quartier Montmartre vers le ruisseau Ménilmontant (1). »

En 1610, Marie de Médicis, craignant que la mauvaise odeur donnée par les égouts n'amenât des maladies, ordonna qu'ils fussent nettoyés.

Sous Louis XIII, un impôt de 10 sous par

---

(1) Mémoire de M. Haussmann, préfet de la Seine, présenté au conseil municipal le 4 août 1854.

muid de vin fut affecté au curage et au net-
toiement des égouts ; mais il ne produisit pas
une grande amélioration.

« En 1667, Colbert proposait d'établir
près de chaque fontaine un réservoir de
15 muids d'eau, destiné à faciliter le nettoyage des égouts. — C'est la première fois
qu'on voit émettre l'idée d'affecter les eaux
publiques à un tel usage ; mais cette idée ne
pouvait avoir aucune suite à cette époque.
Comment aurait-on pu remplir les réservoirs, lorsque toutes les fontaines manquaient
d'eau (1). »

Vers l'année 1740, Turgot, prévôt des
marchands, fit murer par les propriétaires
riverains le ruisseau de Ménilmontant, qui recevait presque tous les égouts de la rive
droite de la Seine. Ce ruisseau, après avoir
été voûté, s'appela le grand égout de Ceinture. Il existe encore en partie. Il commence
à la rue Culture-Saint-Gervais, suit les rues

---

(1) *Les Eaux de Paris*, par Louis Figuier.

des Filles-du-Calvaire, des Fossés-du-Temple, du Château-d'Eau, des Petites-Ecuries, Richer, de Provence, Saint-Nicolas, et va se jeter dans l'égout du boulevard Haussmann, à la rue du Havre.

Sa longueur était de 6,321^{m}52
Sa largeur est de....   2.00
Sa hauteur varie, suivant les accidents de terrain, de 2^{m}75 à 3 mètres.

Sous le règne de Louis XIV, la longueur totale des égouts voûtés n'était que de 2,414 mètres, tandis que celle des égouts découverts était de 8,240 mètres.

Avant 1830, les rues de Paris avaient un ruisseau ou caniveau placé au milieu de la chaussée qui recevait toutes les eaux des maisons. — Ce caniveau, qui n'était lavé que par la pluie, était souvent très-sale et constituait par intervalles des cloaques infects. — En temps de pluie, il présentait aussi des inconvénients signalés par Boileau :

Pour traverser la rue au milieu de l'orage,
Un ais sur deux pavés forme un étroit passage,
Le plus hardi laquais n'y marche qu'en tremblant,
Il faut pourtant marcher sur ce pont chancelant.

La voirie a fait disparaître ces inconvénients en donnnant aux chaussées un bombement convenable, en construisant un caniveau de chaque côté, au lieu d'un seul au milieu de la voie, et, enfin, en multipliant les bouches d'eau sous trottoir.

Ce n'est qu'en 1853, en construisant le boulevard de Strasbourg, que le dernier égout découvert du Ponceau a été voûté.

II.

Aussitôt monté sur le trône, l'Empereur, qui a reçu du ciel en partage le don merveilleux de savoir prendre un parti, arrêta un plan qui consistait à renverser impitoyablement tous les cloaques de Paris privés d'air et de soleil, et de les remplacer par des rues larges, des places, des squares et des boulevards spacieux.

Dans les limites déjà posées, il est impossible que nous suivions en détail tous les travaux exécutés ou en voie de constructions depuis 1852; mais nous ne pouvons nous empêcher de constater par quelques exemples que la politique de l'Empereur et la charité de l'Impératrice ont toujours été tournées vers la classe nécessiteuse.

Le 26 janvier 1853, la commission municipale de Paris votait une somme de 600,000 francs pour l'acquisition d'un collier de diamants qui devait être offert à S. M. l'Impératrice à l'occasion de son mariage. — Dès le surlendemain du vote de la commission, l'impératrice exprima le désir que les 600,000 francs fussent dépensés pour une œuvre de bienfaisance, et la fondation d'une maison d'éducation pour les jeunes filles pauvres fut décidée.

La maison Eugène-Napoléon, située au faubourg Saint-Antoine, au coin du boulevard Mazas, est déclarée d'utilité publique, et le 1er janvier 1857, le collier de diamants, transformé en moellons, fut confié aux soins des sœurs de Saint-Vincent de Paul, pour sauver trois cents jeunes filles pauvres des douleurs de la misère ou du désordre. —

Dans la chapelle de cet établissement, il y a un tableau peint à fresques qui représente l'Impératrice en vêtements de mariée, faisant offrande à la sainte Vierge du collier de diamants, et deux groupes de jeunes filles à genoux prient avec ferveur pour leur auguste bienfaitrice. Cette composition est due à M. Barias.

C'est encore à la demande et sous le haut patronage de l'Impératrice, qu'en 1854 un hôpital a été créé pour les enfants dans le faubourg Saint-Antoine, sous l'invocation de sainte Eugénie.

L'asile impérial de Vincennes a été institué par décret dn 8 mars 1855, pour recueillir temporairement pendant leur convalescence des ouvriers ayant reçu des blessures ou contracté des maladies dans le cours de leurs travaux. — On y compte quatre cents lits.

Un prélèvement de 1 0/0 frappe tous les projets exécutés dans la voirie de Paris, et ce prélèvement, qui peut s'élever à environ 3 ou 400,000 francs par an, est divisé par égales portions entre les asiles impériaux de Vincennes et du Vézinet. — Comme on le voit, le faubourg Saint-Antoine, habité presque exclusivement par la classe ouvrière, a constamment attiré l'attention et les libéralités de l'Empereur et de l'Impératrice.

Lorque M. le baron Haussmann fut chargé de l'administration de Paris, il eut à s'occuper des embellissements et de l'assainissement de la capitale. Ces deux mots : *Embellir et assainir*, prononcés par l'Empereur dans un discours à l'Hôtel de ville (1), constituaient tout un programme et embrassaient à la fois trois ordres d'idées : l'ouverture de nouvelles voies, le service des eaux et la construction des égouts.

On se mit immédiatement à l'œuvre, et le Paris d'aujourd'hui n'est plus le Paris d'autrefois. C'est une ville refaite ; mais elle n'est pas finie, car partout on abat encore, et au moment où nous écrivons ces lignes, une aile des Tuileries tombe sous le marteau du démolisseur.

Nous ne pouvons que donner une nomenclature des principaux travaux exécutés depuis 1852.

______

(1) Discours prononcé à l'Hôtel de ville, le 10 décembre 1850

Voies nouvelles :

Boulevard de Sébastopol,
    —   de Strasbourg,
    —   de Magenta,
    —   du Prince-Eugène,
    —   Beaujon,
    —   Saint-Germain,
    —   Malesherbes,
    —   extérieurs,
    —   de Latour-Maubourg,
    —   de l'Alma,
    —   Saint-Marcel,
    —   Haussmann.

Chemin de fer de Ceinture,

Avenue de l'Impératrice,
    —   de l'Empereur,
    —   Joséphine,
    —   de Vincennes,
    —   du Roi-de-Rome,
    —   du Champ-de-Mars,
    — de la Reine-Hortense.
    — de Wagram.
    — de Friedland.

Rue de Rivoli,
    — de Lafayette,
    — de Roquépine,
    — de Rome,
    — de Turbigo,
    — des Écoles,
    — Auber,
    — Scribe,

Rue de Halévy,
— de Médicis.

Monuments réparés :

Le Louvre,
Les Tuileries,
Notre-Dame,
La tour Saint-Jacques,
La fontaine des Innocents,
Le Palais de Justice.

Constructions diverses :

Le Palais de l'Industrie,
L'église Sainte-Clotilde,
Les Halles centrales,
L'annexe de l'Hôtel de Ville,
Les mairies nouvelles,
Le presbytère et la tour Saint-Germain l'Auxer-
    rois,
La fontaine Saint-Michel,
Le Tribunal de commerce,
L'église de Clignancourt,
    — de la Chapelle,
    — d'Ivry,
    — de Vaugirard,
Les nouvelles barrières,
Les théâtres du Châtelet,
L'église Saint-Augustin,
    — de la Trinité,
    — de Saint-Eugène,
    — de Saint-Bernard.
La Morgue,

Le Conservatoire des Arts et Métiers,
Lycée Saint-Louis,
L'École des mines,
La Préfecture de police,
Le Grand-Opéra,   } sont en construction.
L'Hôtel-Dieu,

Écoles et Asiles :

École laïque, rue Madame,
—   rue de la Bienfaisance,
École congréganiste, rue Saint-Jacques,
—   à Ivry,
—   à Grenelle,
—   à la Villette,
Asile, rue Gracieuse,
—   rue du Gros-Caillou,
Asile impérial de Vincennes,
Maison centrale des frères, rue Oudinot,
Maison de résidence des frères, rue Saint-Bernard,
Maison de secours, rue de l'Arbre-Sec,
Maison Eugène-Napoléon,
Maison de secours dans le faubourg Saint-Antoine,
Magasin du Mont-de-Piété, rue de la Roquette.

Casernes :

Caserne Lobau,
—   de la Banque,
—   Napoléon,

Casernes du Prince-Eugène,
— du bois de Boulogne,
— de Belleville,
— de Grenelle,
— des sapeurs-pompiers de Passy.

Squares :

Square Saint-Jacques,
— du Temple,
— Bellechasse,
— Louvois,
— des Innocents,
— du Conservatoire,
— de Lafayette.

Ponts :

Pont Napoléon.
— Petit-Pont,
— Saint-Michel,
— d'Arcole,
— au Change,
— de Solférino,
— des Invalides,
— de l'Alma,
— de Bercy,
— du Point-du-Jour.
Les ponts d'Austerlitz et le Pont-Neuf ont reçu
d'importantes améliorations.

D'après les chiffres arrêtés au 1er janvier 1864, que nous trouvons dans le travail que vient de publier M. Boiteau sur les finances de la ville de Paris, voici ce qu'ont coûté quelques-uns des principaux travaux exécutés depuis 1852.

Halles centrales (1)	46,643,088 78
Rue de Rivoli et place du Carrousel	83,438,698 37
Dégagement du Louvre	7,796,101 56
Dégagement de l'Hôtel de ville et caserne Napoléon	16,831,623 83
Boulevard de Sébastopol (rive droite	16,831,623 83
Boulevard de Sébastopol (traversée de la Cité)	8,040,294 73
Boulevard de Sébastopol (rive gauche)	20,488,752 61
Boulevard Saint-Germain (1)	18,150,912 23
Abaissement du pont Notre-Dame	1,439,886 58
Rue des Écoles et ses abords	8,309,722 07
Boulevard du Prince-Eugène	52,057,433 16
Boulevard de Magenta et ses abords	14,805,944 74

---

(1) Les Halles ne sont pas terminées, ni le Boulevard Saint-Germain.

Rue de Turbigo	3,410,565	74
Avenue de Vincennes........	4,646,012	47
Boulevard Malesherbes	32,279,283	46
Avenue de l'Empereur.......	5,793,170	67
Boulevard Beaujon..........	10,345,461	02
Rue Auber et Grand-Opéra (1)	43,140,460	83
Boulevard Saint-Marcel (1)...	2,828,213	84
Boulevard de l'Alma (rive gauche)..................	3,584,673	17
Boulevard de l'Alma (rive droite)...................	5,446,188	62
Avenue du Roi-de-Rome	5,495,566	98
Abords de l'Arc de Triomphe de l'Étoile	2,174,285	51
Boulevard Saint-Michel......	9,204,438	42
Avenue du Champ de Mars ..	2,901,679	35
Rue de Médicis, pour isoler le Luxembourg............	1,789,541	46

***

Le service des eaux présentait de grandes imperfections. La Seine recevait en amont des sources altérées, et dans l'intérieur de la capitale, elle était le réceptacle des déjections et résidus de la population.

Les eaux de l'Ourcq parcourent des vallées tourbeuses, où elles contractent, surtout pen-

---

(1) L'Opéra n'est pas terminé, ni le Boulevard Saint-Marcel.

dant l'été, une saveur désagréable. Le canal étant à la fois une voie navigable et de dérivation, ces eaux ne peuvent qu'être incessamment salies par les nombreux mariniers qui y opèrent leurs transports. — Au surplus, comme nous l'avons vu précédemment, l'eau de l'Ourcq n'arrive à Paris qu'à 25^m24 au-dessus de l'étiage de la Seine, et il en résulte qu'elle ne peut être distribuée dans les quartiers les plus élevés de la ville. Il y a environ un cinquième de la superficie habitée qu'on ne peut desservir.

D'autre part, pour être potable, l'eau doit être : 1° Salubre ;

2° Limpide ;

et 3° D'une température constante de 10 à 12 degrés.

Or, les eaux de l'Ourcq et de Seine, trèspeu limpides, sont chaudes en été, et pendant l'hiver elles se congèlent dans les conduits.

L'eau des puits artésiens, venant d'une profondeur de plus de 500 mètres, est limpide mais toujours chaude.

Il n'y avait donc que les eaux des sources

d'Arcueil, de Belleville et des Prés-Saint-Gervais arrivant par des aqueducs voûtés, qui fussent constamment claires et convenablement fraîches.

La quantité d'eau distribuée à Paris était d'ailleurs insuffisante et ne répondait pas surtout aux besoins de l'avenir. Il résulte d'un tableau statistique produit par la commission d'enquête du département de la Seine que le volume d'eau disponible était inférieur, eu égard à la population, à celui dont disposent plusieurs capitales et même certaines villes de France bien secondaires.

Quantité d'eau en litres et par tête d'habitant distribuée dans diverses villes.

VILLES.	NOMBRE DE LITRES par jour et par habitant.	NATURE DES EAUX.
Rome............	944	Source.
New-York........	568	Rivière.
Carcassonne.......	400	d°.
Besançon	246	Source.

VILLES.	NOMBRE DE LITRES par jour et par habitant.	NATURE DES EAUX.
Dijon	240	Source.
Marseille	186	Rivière.
Bordeaux..........	170	Source.
Gênes.............	120	d°.
Castelnaudary	120	d°.
Glascow...........	100	Lac Katrin.
Londres...........	95	Rivière.
Paris.............	90	Mixte.
Narbonne..........	85	Rivière.
Toulouse..........	78	d°.
Genève............	74	d°.
Philadelphie	70	d°.
Grenoble..........	65	Source.
Vienne (Isère).....	65	d°.
Montpellier	60	d°.
Clermont	55	d°.

En 1854, M. le préfet chargea M. Belgrand, ingénieur en chef, de recueillir des renseignements sur la possibilité d'une dérivation convenable, c'est-à-dire de trouver des eaux de sources assez pures, limpides et fraîches, pour remplacer avantageusement les eaux de la Seine élevées mécaniquement.

Après avoir déterminé les principales sources et fait les études chimiques nécessaires, M. Belgrand, dans un travail très-remarquable et très- remarqué en France et à l'étranger, proposa d'aller prendre l'eau dans les terrains crayeux de la Champagne, et de faire le projet de dérivation de la Somme-Soude, petite rivière qui coule dans le département de la Marne, et des sources de la Dhuiss et du Sourdon. — L'aqueduc de dérivation, d'une longueur de **214** kilomètres, devait coûter environ **22** millions.

Cet avant-projet, présenté et appuyé par M. le préfet, fut adopté par le conseil municipal dans sa séance du **12** janvier **1855**; et on s'occupa du projet définitif.

Un service spécial d'ingénieurs fut organisé. MM. Rozat-de-Mandre et Collignon, ingénieurs ordinaires, furent chargés, sous la direction de M. Belgrand, de la dérivation de la Somme-

Soude, de la Dhuiss et du Sourdon, et M. Les-
guiller, ingénieur ordinaire, dut s'occuper,
également sous la direction de M. Belgrand,
de la dérivation de la rivière de la Vanne qui
va se jetter dans l'Yonne à Sens. — Cette
seconde dérivatiou devait, dans l'esprit de
l'administration, suppléer, en cas de besoin,
aux eaux de la Somme-Soude et de la
Dhuiss.

Les projets furent déposés le 7 mai 1856,
et ils furent approuvés par le conseil municipal, sur la proposition de M. le préfet,
dans la séance du 16 juillet 1858.

Mais la dérivation des eaux de la Champagne trouva des opposants sous Napoléon III,
comme la dérivation de l'Ourcq en avait
trouvé sous Napoléon Ier. — D'un côté, le
système de se servir des eaux de la Seine
au moyen de machines élévatoires et de filtrage
se produisit de nouveau, et, d'autre part, l'ingénieur Grissot adressa un mémoire à l'Empereur proposant la dérivation des eaux de
la Loire à l'exclusion de celles de la Champagne.

Dans sa séance du 9 mai 1859, le conseil des ponts et chaussées, consulté par le ministre, décida qu'avant de donner suite au projet de dérivation des eaux de la Champagne, il y avait lieu de faire étudier la dérivation de la Loire, et en même temps de dresser un projet pour l'élévation de l'eau de Seine au moyen de machines à vapeur.

Les études demandées furent entreprises immédiatement et produites sans retard.

Le 18 mai 1860, le conseil municipal, sur la proposition de M. le préfet, persista dans le système de dérivation d'eau de sources de la Champagne adopté déjà par sa délibération du 16 juillet 1858, et le projet fut approuvé en haut lieu peu de temps après. — Ainsi se termina la discussion des nouvelles eaux de Paris, qui seront un honneur pour l'édilité parisienne et un véritable bienfait pour la population.

Les nouvelles eaux de dérivation vont être divisées, à cause de l'altitude des sources, en trois lots distincts, et arriveront dans la capitale par trois aqueducs différents.

L'aquéduc de la Dhuiss, qui s'achève dans ce moment-ci, a été construit le premier, parce que l'altitude de cette source étant à 128^{m}86 au-dessus du niveau de la mer, permet de mener l'eau dans les quartiers les plus élevés de la ville et aux divers étages des maisons qui, jusqu'ici, n'avaient pu être desservies.

Il commence au delà de Château-Thierry, dans le département de l'Aisne, et se maintient sur les coteaux de la rive gauche de la Dhuiss, puis de la Marne, jusque dans le voisinage de Paris, à Chalifert, où il franchit la Marne sur un pont pour passer de là sur les coteaux de la rive droite, jusqu'à Ménilmontant. — Il se compose de galeries construites en pierre meulière avec du ciment romain, et de tuyaux en fonte placés à un mètre sous le sol dans la traversée des vallées.

La largeur intérieure varie de 1^{m}35 à 1^{m}50, et les conduites en fonte ont 1 mètre et 1^{m}10 de diamètre.—Sa pente est de 10 centimètres par kilomètre.—L'eau de cet aqueduc arrive dans les réservoirs de Ménilmontant, près des fortifications, à l'altitude de 108^{m}23 au-dessus du niveau de la mer, et, par conséquent, à 81 mètres au-dessus de l'étiage de la Seine.

Cet ouvrage a une longueur de 139,407 mètres.

Il coûtera environ 18,000,000 et fournira, par vingt-quatre heures 40,000 mètres cubes d'eau.

Les dérivations de la Somme-Soude et de la Vanne vont s'exécuter prochainement, sans doute, au fur et à mesure des besoins à desservir.

L'aqueduc de la Somme-Soude partira des bords de la Somme, entre Épernay et Châlons-sur-Marne, à peu de distance du confluent de la Soude, petite rivière dont la réunion forme la Somme-Soude, qui tombe dans la Marne un peu en aval de Châlons. — Il longera dabord le pied des coteaux crayeux qui limitent la Champagne et la Brie, et entrera dans la vallée de la Marne, vers Épernay. — Il suivra la rive gauche jusqu'à ce qu'il arrive à l'aqueduc de la Dhuiss, un peu en amont de Château-Thierry, et marchera alors paral-

lèlement à cet aqueduc, à peu près à **24** mètres plus bas, jusqu'à Paris.

Sa longueur sera de **214** kilomètres.

Il coûtera approximativement **24,000,000**,
et fournira par jour **60,000** mètres cubes d'eau.

Le tracé de l'aqueduc de la Vanne commence à la source d'Armentières, près de la
route de Sens à Troyes, dans le département
de l'Yonne. — Il suit la rive gauche de la Vanne
jusqu'aux villages de Theil et Noé, où il passe
sur la rive droite; traverse le Loing, au-dessous de Moret, et la forêt de Fontainebleau
en laissant la ville à gauche. — Il passe à
droite de Melun, et, après avoir traversé la
Bièvre, arrive sur les hauteurs de Montrouge,
où se trouvera le réservoir.

Sa longueur est de **165** kilomètres.

Il coûtera environ **20,000,000** et fournira
par jour **100,000** mètres cubes d'eau.

Lorsque les trois aqueducs seront construits, la ville aura dépensé environ :

Pour l'aqueduc de la Dhuiss.......	18,000,000
— de la Somme-Soude.	24,000,000
— de la Vanne	20,000,000
Total......	62,000,000

et elle jouira de 200,000 mètres cubes d'eau par vingt-quatre heures, en sus des 150,000 mètres dont elle dispose depuis la dérivation de l'Ourcq.

Quand la nouvelle distribution sera complétement établie, il y aura donc deux natures d'eaux différentes affectées au service. — Les eaux de Seine et d'Ourcq serviront à entretenir les services publics, à arroser les rues, à nettoyer les pavés, à laver les égouts et à alimenter les fontaines monumentales. — Les eaux des sources de la Dhuiss, de la Somme-Soude, de la Vanne, d'Arcueil et des Prés-Saint-Gervais seront réservées pour la table et les usages domestiques, parce qu'elles seront toujours pures, limpides et fraîches en été comme en hiver. — Pouvant monter à tous les étages des maisons, elles supprimeront la double dépense du filtrage et des porteurs d'eau, et contribueront par leur abondance à cette propreté hygiénique qui favorise le bien-être et la santé.

**

L'assainissement de Paris exigeait que tous

les produits insalubres fussent jetés dans la Seine en aval de la ville; mais la pente peu considérable du fleuve, qui n'est que de 85 millimètres par kilomètre, ne rendait pas la chose facile. Toutefois on a profité de ce que le cours de l'eau, après avoir fui à l'ouest, revient à l'est par un long détour de 20 kilomètres et se rapproche beaucoup des fortifications, pour diriger vers Asnières tous les immondices de la capitale.

Un grand égout collectenr a été construit de 1857 à 1859. C'est le plus grand ouvrage de ce genre qui existe au monde (1). — Il part de la place de la Concorde, passe sous la rue Royale et le boulevard Malesherbes jusqu'à la place de Laborde, et de là, par un tunnel de 1,800 mètres pratiqué sous la barrière Monceau, va se jeter dans la Seine un peu en aval du pont d'Asnières.

Il a une longueur de 5 kilomètres,

---

(1) Le plus grand égout collecteur qui existe encore après celui de Paris est la *Cloaca maxima* de Rome, qui remonte à Tarquin l'Ancien. — Elle a 4m40 de hauteur et une largeur de 5m60.

Une pente de 50 centim. par kilomètre.

Sa largeur est de 5^{m}60, et sa hauteur sous clef de 4^{m}40.

Il a coûté environ 3,000,000.

Les divers égouts de la rive droite vont se déverser directement dans ce grand exutoire, et l'écoulement est assuré en tous temps.

On commence dans ce moment-ci, un second grand collecteur qui partira du pont de l'Alma, passera en tunnel sous Chaillot, et ira se jeter dans la Seine à Asnières. — Les égouts de la rive gauche, qui se réunissent au pont de l'Alma, iront se déverser dans cette grande galerie en traversant la Seine par un double siphon en forte tôle de 1 mètre de diamètre passant à 2 mètres au-dessous des basses eaux.

Le 26 mars 1852, un décret fut rendu pour obliger les propriétaires de toutes les maisons pourvues d'égout public à construire des branchements particuliers pour mener les eaux ménagères dans cet égout. — En sorte qu'aujourd'hui le réseau des égouts assure non-seulement l'écoulement des eaux pluviales et

14.

ménagères, mais encore préserve les caves des anciennes inondations, qui étaient très-fréquentes dans certains quartiers.

La canalisation souterraine de Paris marche de front avec le service des eaux et les travaux de la voie publique, et cette ramification de galeries dont les chasses d'eau puissantes et régulières assurent le libre jeu et le nettoyage parfait, n'est pas la partie la moins curieuse de la transformation de la capitale. — Le service s'y fait au moyen de bateaux et de chemins de fer, et les dames et les étrangers de distinction ne dédaignent pas de visiter ce qu'on appelait autrefois la ville des rats.

Lorsque les travaux déjà en projet seront terminés, les égouts de Paris présenteront un développement d'environ 600 kilomètres et auront coûté à peu près 50 millions.

Depuis le 1er janvier 1860, les barrières de Louis-Philippe n'existent plus. La ville de Paris s'étend jusqu'aux fortifications, et offre un contour de 34,530 mètres ou 8 lieues 3/4.

Voltaire écrivait en 1749 : « Nous possédons dans Paris de quoi acheter des royaumes;

nous voyons tous les jours ce qui manque à notre ville, et nous nous contentons de murmurer. On peut en moins de dix ans faire de Paris la merveille du monde. Une pareille entreprise ferait la gloire de la nation, un honneur immortel au corps de ville, encouragerait tous les arts, attirerait les étrangers des bouts de l'Europe, enrichirait l'État, bien loin de l'appauvrir. Il est temps que ceux qui sont à la tête de la plus opulente capitale de l'Europe la rendent la plus commode et la plus magnifique. Fasse le ciel qu'il se trouve quelque homme assez zélé pour embrasser de tels projets, d'une âme assez ferme pour les suivre, d'un esprit assez éclairé pour les rédiger, et qu'il soit assez accrédité pour les faire réussir.»

Le vœu de Voltaire est largement réalisé. — L'opulente capitale a été transformée depuis dix ans, et est aujourd'hui la merveille du monde. — Mais, chose étrange! une administration aurait beau ne faire jamais que des choses excellentes, qu'il y aurait toujours des esprits chagrins pour la critiquer. —

Mme de Staël, qui avait probablement ses raisons pour ne pas aimer le Code, disait du premier Empire «qu'on n'avait fait de bien que la guerre.» Sous tous les gouvernements il y aura des dames de Staël, c'est-à-dire des esprits qui, quoique supérieurs, ne voudront voir qu'à leur point de vue. Il semble que tout ce qui se fait de grand pour l'amélioration des centres les plus populeux ne puisse exister que par une sorte de violence faite aux habitudes et à l'opinion.

Sans doute, parmi les monuments de la capitale, qu'on a presque improvisés depuis dix ans, quelques-uns manquent de ce cachet grandiose et imposant donné par le temps et l'étude aux créations des deux siècles derniers; mais, dans l'avenir, quand on comparera les travaux exécutés sous ce règne avec ceux accomplis aux diverses époques que nous avons traversées, il est incontestable qu'on n'aura que de l'admiration pour Napoléon III, et le nom de M. le baron Haussmann, qui a su si bien comprendre les idées de l'Empereur, restera gravé dans les fastes de l'histoire de cette grande cité.

CHAPITRE IX.

—

RÉSUMÉ.

—

I.

Situation de Paris.

Paris est à **20** degrés **11** minutes de longitude du méridien de l'île de Fer, et à **48** degrés **50** minutes **14** secondes de latitude nord. — Sa hauteur moyenne au-dessus du niveau de la mer est de **65** mètres.—La durée du plus long jour y est de seize heures six minutes et celle du plus court de huit heures dix minutes. — La chaleur moyenne est de **29** degrès centigrades et le froid moyen de **8** degrés au-dessous de zéro. La Seine se congèle ordinairement au 9e degré.

Paris est entouré au nord par une chaîne de

petites montagnes, dont celles de Montmartre, de Belleville, de Ménilmontant et de Charonne sont les plus importantes. Au midi sont des éminences moins hautes, telles que les plateaux de Sainte-Geneviève et de Montrouge.

II,

Diverses enceintes de Paris,

La ville de Paris a eu douze enceintes, dont voici l'énumération avec le chiffre approximatif de leur superficie :

I.	— Sous Jules-César........	$15^h 04^a$
II.	— Sous Julien...........	38 53
III.	— Sous Louis VI.........	160 22
IV.	— Sous Philippe-Auguste ..	522 66
V.	— Sous Charles VI........	438 99
VI.	— Sous François Ier.......	483 44
VII.	— Sous Henri IV.........	567 55
VIII.	— Sous Louis XIV.......	1,103 65
IX.	— Sous Louis XV........	1,136 62
X.	— Sous Louis XVI.......	3,338 22
XI.	— Sous Napoléon Ier......	3,680 »
XII.	— Sous Napoléon III......	25,800 »

Paris est donc aujourd'hui dix-sept cents fois plus grand que du temps de Jules César; dix-neuf fois plus grand que sous Louis XIV, et sept fois plus grand qu'avant le 1er janvier 1860, où les fortifications ont formé officiellement son enceinte.

III.

Population de Paris.

La population de la capitale a varié ainsi qu'il suit.

		Habitants.
1°	Sous Jules-César	6,000
2°	Sous les Mérovingiens	10,000
3°	Sous les Carlovingiens	15,000
4°	Sous les Capétiens	30,000
5°	En 1313	49,000
6°	En 1474	150,000
7°	En 1590	200,000
8°	En 1719	509,000
9°	En 1762	576,000
10°	En 1791	610,620
11°	En 1817	713,000
12°	En 1820	714,000
13°	En 1827	890,000
14°	En 1831	775,000
15°	En 1838	786,000
16°	En 1850	930,000
17°	En 1851	1,053,262
18°	En 1856	1,174,346
19°	En 1861	1,696,000

Le nombre actuel des habitants de Paris est d'environ 2 millions, sans y comprendre la population flottante qui est immense et s'accroît de jour en jour (1).

IV.

Divisions de Paris.

De tous temps, Paris a été divisé en quartiers. — On en comptait 4 au dixième siècle (de là l'origine du mot quartier); — 8 sous Philippe- Auguste; — 16 sous Charles VI; — 17 sous Henri III ; — 20 sous Louis XIV.

A la révolution de 1789, Paris fut divisé en 60 districts, auxquels on substitua 48 sections le 25 juillet 1790. Un décret de la Convention nationale, en date du 10 octobre 1796, fixa les divisions en 12 arrondissements et 48 quartiers.

---

(1) Vienne a 475,000 habitants; Berlin, 430,000; Madrid, 260,000; Saint-Pétersbourg, 550,000; Rome, 160,000; Lisbonne, 284,000; Naples, 484,000; Constantinople, 630,000; Londres est la seule ville qui égale Paris, 2,400,000.

En 1860, Napoléon III a étendu les limites de la ville jusqu'aux fortifications et a créé la division actuelle, qui compte 20 arrondissements subdivisés en 80 quartiers.

V.

Noms des personnages célèbres nés à Paris.

HOMMES D'ÉTAT ET AVOCATS.

Pasquier (Et.), 1529-1615.
Antoine Arnaux, 1560-1619.
Mathieu-Molé, 1584.
Le cardinal Richelieu, 1585-1642.
Séguier, 1582-1652.
Lamoignon, 1617-1677.
Malesherbes, 1721-1794.
Turgot, 1727-1781.
Berryer, 1790.

GUERRIERS.

Le Grand Condé, 1621-1686.
Le Maréchal de Luxembourg, 1628-1695.
Catinat, 1637-1712.
Le prince Eugène, 1663-1736.
Le maréchal d'Estrées, 1695-1771.
L'amiral d'Estaing, 1729-1794.
Augereau, 1757-1816.

Grouchy, 1766.
Eugène Bauharnais, 1781-1824.

PHILOSOPHES.

Charron, 1641-1703.
Malebranche, 1638-1715.
Helvétius, 1715-1771.
V. Cousin, 1792.

HISTORIENS.

De Thou, 1553-1617.
L'abbé Fleury, 1640-1723.
Rollin, 1661-1741.
Le président Hénault, 1685-1770.
Crévier, 1693-1765.
Anquetil, 1723-1808.

POÈTES.

Scarron, 1611-1660.
Mme Deshoulières, 1633-1718.

Boileau, 1636-1711.
J.-B. Rousseau, 1670-1741.
Racine le fils, 1692-1762.
Lebrun, 1729-1807.
Dorat, 1734-1780.
Legouvé, 1764-1813.
Béranger, 1780-1858.

LITTÉRATEURS.

Le Maistre de Sacy, 1613-1684.
Lancelot, 1675-1740.
Ducerceau, 1676-1730.
Crébillon le fils, 1707-1777.
Le duc de Nivernais, 1716-1798.
Arnault, 1718-1805.
Dupont de Nemours, 1739-1817.
Laharpe, 1739-1803.
Mercier, 1740-1814.
Villemain, 1791.

SAVANTS.

Malezieu, 1650-1727.
Cassini, 1677-1756.
La Condamine, 1701-1774.
Lacroix, 1704-1760.
D'Alembert, 1717-1783.
Bailly, 1736-1793.
Condorcet, 1743-1794.
Lavoisier, 1743-1794.
Delambre, 1792-1822.
Biot, 1774.

AUTEURS DRAMATIQUES.

Molière, 1622-1673.
Quinault, 1635-1688.
Régnard, 1647-1709.
Lafosse, 1658-1708.
Marivaux, 1688-1763.
Voltaire, 1694-1778.
Favard, 1710-1792.
Sedaine, 1719-1797.
Beaumarchais, 1732-1799.
Chénier, 1764-1811.
Scribe, 1791-1861.

PEINTRES, SCULPTEURS, ARCHITECTES.

Jean Goujon, 1515-1572.
François Mansard, 1598-1666.
Hardouin Mansard, 1645-1708.
Le Nôtre, 1615-1700.
Perrault, 1613-1688.
Lesueur, 1617-1655.
Lebrun, 1619-1690.
Pigalle, 1714-1785.
Coustou, ...-1777.
David, 1748-
Gros, 1771-
Alexandre le Noir,
Horace Vernet,

ARTISTES DRAMATIQUES.

Le Kain, 1728-1778.
Talma, 1763-1826.

VI.

Cousommation de Paris.

Depuis 1860, c'est-à-dire depuis l'annexion des populations suburbaines, il se consomme en moyenne, chaque année, dans la capitale, savoir :

Pain...................	200,700,000	kilogr.
Vin (en cercles ou en bouteille)...........	2,700,000	hectol.
Bière...................	357,000	—
Viande (sortant des a-battoirs).............	107,500,000	kilogr.
Viande (provenant de l'extérieur).........	23,300,000	—
Alcools purs et liqueurs.	155,000	hectol.
Charbon de bois.......	4,800,000	—
Charbon de terre et coke	629,900,000	—
Bois...................	790,600	stères.
Volailles et gibier......	21,856,922	francs.
Poisson................	1,927,340	—
Beurre	25,300,000	—
Huîtres................	3,000,000	—
Œufs..................	13,000,000	— (1)

---

(1) Les œufs à Paris se vendent en moyenne 1 fr. 20 c. la douzaine. — Par conséquent, il s'en consomme annuellement

VII.

Coup d'œil sur la situation financière de Paris.

Nous avons vu que le premier agent-voyer de France, Jean Sarrazin, remonte à Philippe-Auguste, et était payé en nature faute de fonds disponibles pour un traitement fixe. — Aujourd'hui, la ville de Paris a un budget de plus de 200 millions, et le personnel de la voirie comporte deux directions qui sont assimilées à celle du ministère des travaux publics (1).

Sous Louis VII, dit le Jeune, les droits d'entrée qui se percevaient au Châtelet, s'élevaient annuellement à 12 livres ou environ 492 francs de notre monnaie actuelle. — En 1863, l'octroi

---

130 millions. Or, un œuf ayant une épaisseur d'environ 0m04, il s'ensuit que placés les uns à côté des autres, l'approvisionnement d'une année exigerait une étendue de 5,200 kilomètres, c'est-à-dire neuf fois la distance de Paris à Bordeaux prise sur le chemin de fer.

(1) Les deux directeurs de la voirie de Paris ont 25,000 fr. chacun de traitement fixe, comme le directeur du ministère des travaux publics.

de Paris, qui n'admet plus la monnaie de singe, a donné 82,646,175 fr. 45 c.

Les recettes augmentent toujours et elles sont prévues en 1865 à 88 millions. — C'est presque le montant total des ressources dont disposent les petits États.

VIII.

Conclusion.

L'art de savoir faire de la terre un séjour agréable atteint tous les jours à Paris une supériorité incontestable, et si nos pères, qui ignoraient la bougie et se servaient de miel faute de sucre, sortaient de leurs tombeaux, ils trouveraient évidemment que nos magnifiques glaces sont infiniment plus commodes que les plaques de fer polies dans lesquelles ils se miraient. — Mais cette grande, cette formidable capitale, qui passe à juste titre pour le foyer de la civilisation, que deviendra-t-elle?

Le progrès sans doute n'a pas dit son dernier mot. L'application de la vapeur et de l'électricité nous prépare des merveilles. L'association des capitaux mènera peut-être la mer aux fortifications si elles restent longtemps debout, et la science rendra les ballons maîtres de l'espace ; mais jusqu'à quelle époque progressera-t-elle ? — Nul ne le sait.

Toutefois, rien de ce que créent les hommes n'est éternel. — Les villes qu'ils construisent tombent en poussière avec le temps, et il est probable que le palais du Louvre redeviendra la demeure des loups, comme du temps du bon roi Dagobert, et que Paris disparaîtra pour une cause ou pour une autre, comme Babylonne, comme Carthage, comme Thèbes aux cents portes, comme Ninive. — « En toute chose il faut considérer la fin. »

TABLE DES MATIÈRES.

Paris, impr. Paul Dupont, rue de Grenelle-Saint-Honoré, 45.

www.ingramcontent.com/pod-product-compliance
Lightning Source LLC
LaVergne TN
LVHW020116060726
842526LV00004B/1151